示范性高等职业院校重点建设专业校企合作教材

Gaosu Gonglu Jidian Xitong Yunxing yu Weihu
高速公路机电系统运行与维护

合尼古力·吾买尔　主　编
陆莲芳　王　丁　副主编
艾尼瓦尔·吾布力卡司木　主　审

人民交通出版社

内 容 提 要

本书为示范性高等职业院校重点建设专业校企合作教材之一。本书着重介绍了高速公路机电系统所包含的收费、监控、通信、照明和供配电五大子系统的集成技术、施工技术,系统操作与运行、系统维护与管理以及各子系统相关的专业仪器仪表和专用设备的使用和操作,重点介绍了收费、监控和通信系统的组成、分类和功能,各子系统相关的专用软件的安装、调试和操作等过程,具体介绍了各子系统的特点、发展趋势、新技术应用。

本书可作为高职、中职院校高等级公路维护与管理等相关专业教材,也可作为高速公路机电系统工程施工,高速公路收费、监控或通信系统的操作、运行和维护管理专业技术人员的参考书,亦可作为高速公路机电系统维护人员培训用书。

图书在版编目(CIP)数据

高速公路机电系统运行与维护/合尼古力·吾买尔主编. —北京:人民交通出版社,2013.12
示范性高等职业院校重点建设专业校企合作教材
ISBN 978-7-114-11009-2

Ⅰ.①高… Ⅱ.①合… Ⅲ.①高速公路-机电系统-运行②高速公路-机电系统-维修 Ⅳ.①U412.36

中国版本图书馆 CIP 数据核字(2013)第 271312 号

示范性高等职业院校重点建设专业校企合作教材

书　　名:	高速公路机电系统运行与维护
著 作 者:	合尼古力·吾买尔
责任编辑:	袁　方　尤晓昉
出版发行:	人民交通出版社股份有限公司
地　　址:	(100011)北京市朝阳区安定门外外馆斜街3号
网　　址:	http://www.ccpress.com.cn
销售电话:	(010) 59757973
总 经 销:	人民交通出版社股份有限公司发行部
经　　销:	各地新华书店
印　　刷:	北京市密东印刷有限公司
开　　本:	787×1092　1/16
印　　张:	11.25
字　　数:	260 千
版　　次:	2013 年 12 月　第 1 版
印　　次:	2017 年 7 月　第 2 次印刷
书　　号:	ISBN 978-7-114-11009-2
定　　价:	49.00 元

(有印刷、装订质量问题的图书由本社负责调换)

新疆交通职业技术学院
教材编审委员会

主　任：段明社

副主任：吴灵林　　李绪梅

成　员：阿巴白克里·阿布拉　　侯士斌　　帕尔哈提·艾则孜

　　　　潘　杰　　李　杰　　吕　雯　　虎法梅　　张福琴

　　　　李　刚　　宿春燕　　李询辉　　郭新玉　　罗江红

　　　　孙珍娣　　杨永春　　合尼古力·吾买尔　　陆莲芳

序

在几易其稿之后,我院自治区示范性高等职业院校建设成果之一——工学结合系列教材终于付梓了。自我院作为自治区示范性高职院校建设单位以来,以强化内涵建设为重点,以专业建设为龙头,以核心课程和教材建设为载体,与行业企业技术、管理专家共同组建专业团队,在课程改革的基础上,共同编著了10余种教材,涵盖了我院的汽车运用技术、道路桥梁工程技术、物流管理、工程机械运用与维护四个专业的专业核心课程。

本系列教材是学院与行业企业共同开发的,适应区域、行业经济和社会发展的需要,体现行业新规范、新标准,反映行业企业的新技术、新工艺、新材料。教材内容紧密结合生产实际,融"教、学、做"为一体,力求体现能力本位的现代教育思想和理念,突出职业教育实践技能训练和动手能力培养的特色,在保证知识体系完整性的同时,体现基于工作过程的基本思想,注重实践性、先进性、通用性和典型性,是适合高职院校使用的理论和实践一体化教材。

本系列教材由我院自治区示范性重点建设专业的专业带头人、骨干教师与校企合作单位的技术骨干、管理专家合作共同制订编写大纲,由理论功底深厚的专业教师担任主编,聘请行业企业专家作为主审。这些教师长期工作在高职教育教学一线,熟悉教学方法和手段,理论方面有深厚功底;而行业企业专家具有丰富的实践经验,能够把握教材的广度和深度,设定基于工作过程的教学任务,两者结合、优势互补,体现"校企合作、工学结合"的精髓。该系列教材的广泛应用,相信能够在新疆维吾尔自治区职业教育中起到引领和推动作用。

新疆交通职业技术学院
教材编审委员会
2012 年 9 月

前　言

交通是社会经济和生活的大动脉，良性运作的交通系统是国民经济和人们正常工作、生活的根本保证。目前，国家高速公路网基本建成，2020年高速公路总里程将达到10万公里。交通运输部在《公路水路交通"十一五"发展规划》中，将智能交通列为交通科技重点发展领域，这为交通行业的信息化、智能化建设以及高速公路的发展带来了无限的机遇。目前，由于高速公路发展较快，路上运行的车辆种类较多，交通量特征复杂，使高速公路高速、高效、安全、舒适的功能受到了一定的限制。高速公路机电系统正是为适应高速公路的运行特点和运营管理要求而建立的，是保证高速公路正常运行，充分发挥道路通行能力的必要管理工具。

国内各地交通类高等职业院校在多年的发展过程中，积极探索，不断创新，在深化职业技术教育、建立和完善教育教学模式等方面积累了很多成功经验和丰富的教学资源。根据区域经济发展和社会对高速公路机电技术类人才的需求，满足新疆交通行业需要大量掌握高速公路机电基础知识，具备高速公路机电设备及系统使用、运行和维护管理能力的复合型人才，我们成立了由高速公路机电行业企业专业人员、交通安全与智能控制专业教师组成教材编写组，编写了本教材。

本书在内容选取上遵循"理论必需够用，能力为本"这一原则，坚持理论与实践相结合的原则，紧紧围绕收费员、监控员和机电系统维护员工作岗位技能的需要，按照工作过程选择和组织教学内容，突出工作任务与知识的联系。本书详细介绍了高速公路机电系统包含的收费、监控、通信、供配电和照明五大子系统认知、系统集成、运行与维护管理等知识，通过学习熟悉高速公路收费系统业务流程，熟练掌握高速公路监控系统操作过程，树立高速公路机电系统管理理念，掌握收费、监控系统和常用设备故障的诊断及处理技巧，具备收费员、监控员和机电系统维护员的岗位技能。

本书由新疆交通职业技术学院合尼古力·吾买尔担任主编，新疆交通职业技术学院陆莲芳和王丁担任副主编，新疆乌拉泊收费站机械电子高级工程师艾尼瓦尔·吾布力卡司木担任主审。全书共六个项目。项目一、二由合尼古力·吾买尔编写，项目三、五由王丁编写，项目四、六由陆莲芳编写。本书在编写过程中，得到了新疆交通职业技术学院吕雯和潘杰的指导和帮助,在此表示衷心的感谢!在编写过程中参阅并引用了新疆乌拉泊收费站、三坪收费站、新疆瑞华赢机电技术有限公司等企事业单位的大量案例,以及公路收费及监控员职业资格标准相关要求及试题,在此向相关的专家和学者表示衷心的感谢!

  由于编者水平有限,书中不妥之处在所难免,敬请读者批评指正。

编者

2013 年 11 月

目　　录

项目一　高速公路机电系统认知 ··· 1
　　任务一　高速公路机电系统概述 ··· 1
　　任务二　高速公路机电系统专用设备的使用 ····································· 7
　　项目单元测试 ·· 12
项目二　高速公路收费系统运行与维护 ·· 14
　　任务一　高速公路收费系统概述 ·· 15
　　任务二　高速公路收费系统运行 ·· 27
　　任务三　高速公路收费系统维护管理 ··· 50
　　项目单元测试 ·· 63
项目三　高速公路监控系统运行与维护 ·· 65
　　任务一　高速公路监控系统概述 ·· 65
　　任务二　高速公路监控系统运行 ·· 78
　　任务三　高速公路监控系统维护管理 ··· 81
　　项目单元测试 ·· 84
项目四　高速公路通信系统维护管理 ··· 87
　　任务一　高速公路通信系统概述 ·· 87
　　任务二　高速公路通信系统运行 ·· 93
　　任务三　高速公路通信系统基本维护与管理 ································ 105
　　项目单元测试 ·· 112
项目五　高速公路供配电系统维护管理 ··· 114
　　任务一　高速公路供配电系统概述 ·· 114
　　任务二　高速公路供配电系统维护管理 ······································ 120
　　项目单元测试 ·· 125
项目六　高速公路照明系统维护管理 ·· 127
　　任务一　高速公路照明系统概述 ··· 127
　　任务二　高速照明系统维护管理 ··· 131
　　项目单元测试 ·· 136
附录一　公路收费及监控员国家职业标准（2007年6月） ··············· 138
附录二　通行费征收岗位员工应知应会题库（基础知识） ················ 146
附录三　2012年度上半年公路收费及监控员（高级）考试试题 ········ 162
参考文献 ·· 169

项目一　高速公路机电系统认知

 知识目标

1. 了解高速公路的概念、特点、运营管理和组成；
2. 了解高速公路机电系统概念、系统组成和各子系统功能；
3. 掌握高速公路机电系统的基本维护操作，了解我国高速公路机电系统发展现状；
4. 认识高速公路机电系统与设备维修仪器仪表与工具。

 技能目标

1. 能描述高速公路的特点；
2. 能绘制高速公路的组成图；
3. 能绘制高速公路机电系统组成示意图；
4. 能描述高速公路机电系统基本维护工作；
5. 熟悉高速公路机电设备维修工具及操作。

 项目引入

艾力和张军是刚刚进入新疆某机电技术有限公司的高职毕业生，公司经理希望他们能够提升机电技术方面的基础知识，提高综合素质以及给他们提供一次锻炼的机会，到公司第一天就安排了这两人代表本公司去参加全疆交通行业高速公路机电技术应用水平大赛。他们接到参赛的消息后，焦急的去看参赛方案、大纲以及相关知识和技能要求。张军在比赛大纲中看到了"什么是高速公路？有什么特点？高速公路的组成与运营管理包括哪些内容？什么是高速公路机电系统？有什么功能和特点？"等等一系列问题。

 知识支撑

任务一　高速公路机电系统概述

一、高速公路的概念

高速公路属于高等级公路，我国《公路工程技术标准》（JTG B01—2003）规定，高速公路是指"能适应年平均昼夜小客车交通量为 25000 辆以上、专供汽车分道高速行驶、并全部控制出入的公路"。一般能适应 120km/h 或者更高的速度，路面有 4 个以上车道的宽度，中间设置分隔带，采用沥青混凝土或水泥混凝土高级路面，设有齐全的标志、标线、信号及照明装置；禁止行人和非机动车在路上行走，与其他线路采用立体交叉、行人跨线桥或地道通过。

二、高速公路的历史

高速公路的建设情况可以反映一个国家和地区的交通发达程度、乃至经济发展的整体水平。世界各国的高速公路至今没有统一的标准,命名也不尽相同。美国、加拿大、澳大利亚把高速公路命名为 freeway,德国命名为 autobahn,法国命名为 autoroute,英国命名为 motorway。

（1）世界上第一条高速公路

世界上最早的高速公路出自德国,于 1931 年建成,位于科隆与波恩之间,长约 30km,1932 年 8 月 6 日通车。

（2）世界上最长的高速公路

在 20 世纪末建成的环欧高速公路,全长达 1 万多公里。这条高速公路始于波兰的拉格夫,越过捷克斯洛伐克、奥地利、匈牙利、南斯拉夫、罗马尼亚、意大利、希腊等国家,终点在土耳其和伊朗交界处的戈尔布拉克。

（3）世界上高速公路最多的国家

中国现有高速公路 96000km,比 2011 年多 11000km,居世界首位(此不包括达到高速公路标准的国道、州道和省道)。第二位是美国,达到 75440km。

（4）中国第一条高速公路

中国内地第一条建成通车高速公路是沪嘉高速公路,全长 20.5km。自 2012 年 1 月 1 日起,沪嘉高速公路已调整为城市快速路,并结束其收费的历史。因此,中国第一条高速公路是沈阳至大连高速公路。在 1990 年全线建成通车的沈大高速公路全长 375km,造价 22 亿元,公路路宽 26m,是当时中国内地第一条标准高速公路,同时也是最长的一条高速公路。

（5）新疆第一条高速公路

吐鲁番—乌鲁木齐—大黄山高等级公路连接 3 个地、州、市和 3 条国道线,全长 283km,其中一级公路 101.3km,二级汽车专用公路 182km。总投资 30.7 亿元,其中利用世界银行贷款 1.5 亿美元。该路从 1991 年开始着手可行性研究,经过 4 年的技术准备,1995 年 3 月 21 日开工修建,1998 年 8 月 20 日建成通车。2001 年通过国家验收,最终被评定为优良工程。如图 1-1 所示。

赛果高速公路是国家高速公路连云港—霍尔果斯的重要组成部分,全长 56.2km,总投资 23.9 亿元。全线桥隧相连,共有 5 座特大桥、19 座大桥、5 座隧道等,其中赛里木湖隧道是全疆最长的公路隧道和制式隧道。果子沟全长 28km,位于乌鲁木齐通往伊犁的公路咽喉处,是历史上的丝绸之路北道,如图 1-2 所示。

图 1-1 新疆第一条高速公路——吐乌大高速公路

图 1-2 新疆第一条山区高速公路——赛果高速公路

三、高速公路的特点

（1）车速快、行车时间短;

（2）通行能力大,运输效率高;

(3)线性标志优于普通公路,行车安全性好;
(4)路面质量和服务水平高,行车舒适;
(5)每公里高速公路投资超过1000万元,投资量大;
(6)占地多,对环境影响大,工期长。

四、高速公路运营管理

1. 高速公路运营管理的概念

高速公路运营管理是高速公路建成通车后,采用现代化的管理工具对高速公路监控、收费、交通、安全、服务等系统的信息管理,使其为高速公路的使用者提供快速、高效、安全畅通的道路、高质量的服务以及高速公路企业获得最大经济效益。

2. 高速公路运营管理的特点

(1)信息(数据)管理是通过及时采集、处理各种数据,获取业务信息,实现有效管理。
(2)依靠通信工具对数据进行近程和远程动态处理。
(3)机电系统成为管理人员的重要工具。
(4)高素质管理人员是实现现代化管理的必要条件。

 知识链接

①我国采取"筹资建路—收费—还贷—再建路"的滚动模式发展高速公路。
②收费是高速公路的主要财政收入,但必然产生行车延误。
③要发挥高速公路优势,在管理上应该要求:获取交通信息要"快"和"准";对交通事件反应要"快"和"准";收费工作也要"快"和"准"。
④对线路长达数十或数百公里的高速公路,要做到三个"快"和"准",单凭人力无法完成,必须采用由先进的技术设备所组成的系统(交通监控、收费、通信、照明、隧道安全和供配电系统)协助高素质的机电技术人员和其他管理人员来完成。

五、高速公路的组成

高速公路交通运输是一个综合系统,由公路交通设施、车辆和人组成。公路交通设施本身是一个复杂的系统,它由公路设施和交通工程设施两大部分组成;交通工程设施包含机电系统、安全、服务设施、交通标志与标线等,如图1-3所示。

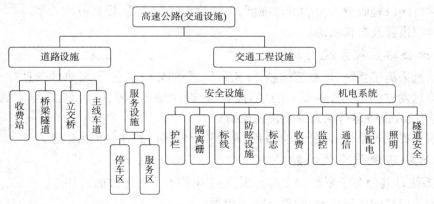

图1-3 高速公路组成图

六、高速公路机电系统与组成

高速公路机电系统也称"高速公路智能交通系统工程",它既是实施高速公路现代化管理的主要工具,也是高速公路正常运营的必要手段。由计算机网络、电子技术、电气控制、通信技术和交通工程等学科为基础形成的综合系统,主要包括收费系统、监控系统、通信系统、供配电系统、照明系统和隧道安全保障系统六大系统。近年来由于新技术发展迅速,不断采用新技术,使其功能不断完善,性能更加稳定。高速公路机电系统组成如图1-4所示。

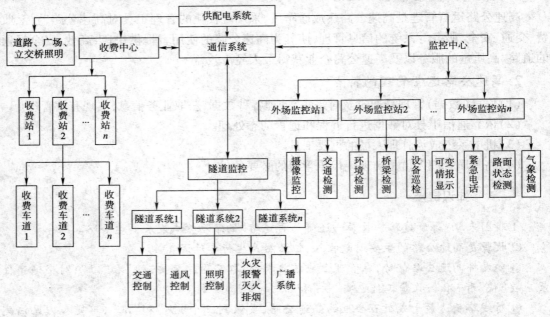

图1-4 高速公路机电系统组成示意图

七、高速公路机电系统功能

1. 高速公路收费系统功能

(1)收费系统要具有相对公平的费率。
(2)收费必须尽量减少延误,提高通行能力,不降低服务水平。
(3)收费系统应具有严密性,避免漏收和作弊行为。
(4)尽可能减轻收费人员的劳动强度,保证收费的准确性,提高劳动效率。
(5)具有报警及自检功能。

2. 高速公路监控系统功能

(1)信息采集子系统:数据流信息、气象信息、公路环境信息、异常事件信息。
(2)信息发布(处理)子系统:信息的接收、分析、判断、预测、确认、交通异常事件的处理决策,指令发布、设备运行状态的监视和控制。
(3)信息提供子系统:向公路使用者、管理和求助部门和社会提供信息。

3. 高速公路通信系统功能

通信系统是其他各子系统的支持系统,主要承担以下三个方面的任务:
(1)各类信息的传输任务:数据、语音、图像。

(2)内部各部门的业务联系:事故求援、公路设备设施的维修。

(3)内部与外部的联系:监控中心、收费中心、业务等内部部门与上级部门、公安、消防、医院等信息沟通。

4. 高速公路照明系统功能

(1)主车道照明:设置在运输繁忙和重要公路路段,改善夜间行车环境、减少交通事故发生。

(2)广场照明:设置与立交和匝道连接点等事故多发点,使CCTV闭路电视摄像机充分发挥夜间监视作用。

(3)隧道照明:白天和夜间都必须开启,另设有应急照明系统。

5. 高速公路隧道安全保障系统功能

(1)设置隧道人工照明系统,对照明进行合理布设和控制。

(2)布置通风设备,保证隧道内空气质量和能见度。

(3)强化交通监控,动态显示全线交通流画面。

(4)迅速检测交通事件的发生时间和地点。

(5)全程检测气温、烟雾浓度,搜索火情,自动报警,确认火灾地点。

6. 高速公路供配电系统功能

高速公路供配电系统必不可少的辅助系统,既能正常供电,又能紧急供电,保证全程24小时不间断供应电源。

 思考

高速公路机电系统维护模式有哪几种?系统运行与维护中常用专用工具有哪些?典型的专用工具如何使用?使用过程中应该注意哪些事项?

八、高速公路机电系统维护

高速公路机电系统维护工作分为三级:一级维护是贴身维护,即日常保养维护;二级维护是设备更换及板级更换维护;三级维护是设备供给及板级器件更换维护,分别配备必要的技术人员。

1. 一级维护

一级维护即贴身维护,日常保养维护,主要由收费站机电系统维修员完成,基本任务为:

(1)设备外部清洁处理

设备机壳用拧干的清洁布揩擦,不得用鸡毛掸掸灰。摄像机外部玻璃罩除用拧干的清洁布揩擦外,还要用面巾纸进一步揩擦,摄像机镜头要用镜头纸蘸专用清洁液揩擦。每天用专用的柔软干布清洁显示器表面的灰尘,保持干净整洁。严禁在显示器上放置任何物品,以免影响显示器散热。禁止用硬物擦拭监视器。设备排气扇处,用吸尘器吸尘处理,空气过滤网要定期清洗,保持干净。

(2)润滑处理

设备的滑动、转动部分要根据设备的工作需求添加润滑油,如:打印机打印头的滑动轴,要添加轻质润滑油,用干净的纱布涂擦,且油不可过多,以免造成污染。设备机械转动轴有打油孔的要添加润滑油,室外手动栏杆和自动栏杆的转轴要添加润滑脂。

（3）防水处理

设备的电路部分，要经常检查有无进水的可能性。收费亭是否进水，外场设备的防水橡皮垫是否完整，空调温度是否设置适宜。如果湿度大，开启频繁的房间（如收费亭），温度太低导致设备内部产生凝结水，水是导体，会导致设备工作不正常，甚至烧毁设备。如发现进水或线路板潮湿，应立即停机断电，并及时用热吹风筒除去潮气后，方可再次投入运行；温度太高对设备也不利。防水重点是收费亭，收费亭内安装的设备较多，一定要保证运行正常，运行的数据都保存在工控机内。

（4）正常检查降温风扇运转是否正常

降温风扇主要位置有：工控机、计算机、UPS 稳压器、硬盘、录像机等。如工控机经常死机，需检查 CPU 的降温风扇转动是否正常，如果发现不正常，应立即停机修理。要经常检查并保证设备的散热风扇工作正常，如散热风扇停转，必须立即处理。

（5）吸尘处理

为了保证设备的安全运行，必须根据设备的运行要求，制订定期维护的计划。定期维护一般分为两种：一种是贴身维护完成的定期维护，由站级维护员完成，技术要求比较低；另一种是技术要求较高，如服务器、工控机内部除尘处理，由机电工程师处理。

（6）防锈处理

外场设备由于雨淋日晒易被氧化生锈，要定期进行防锈处理。如手动栏杆的转轴、设备的地脚固定螺栓、设备与固定装置的连接螺栓等要涂抹防锈油。锈蚀不但会对设备造成损坏，而且会带来安全隐患，特别是沿海地区的高速公路，铁质金属被腐蚀严重，更应采取必要措施防锈。常见的问题有：金属件防锈镀锌层薄，造成锈蚀后应更换符合防锈要求的金属件；检查收费雨棚车道照明灯及雨棚信号灯紧固件及安装螺栓是否锈蚀严重，如已失去功能，需及时更换以免掉下来造成人身损伤。

（7）易损部件处理

机电设备有些部件是易损的，而这些易损部件的损坏，有的是致命性的，有的是非致命性的，特别是致命性的要认真及时予以处理。致命性的部件有防雷器、CPU 降温风扇等，在日常维护中发现致命性易损部件，要予以充分的注意，如可编程控制器的电源防雷器，在雷雨过后要检查，如果坏了要及时予以更换，否则下次雷击就可能将可编程控制器打坏。又如发现 CPU 风扇停转，要及时更换，否则有可能烧坏 CPU。

（8）定期检查、保养维护

根据设备运行保养周期的要求，有的设备保养周期为一周，有的是一个月，有的是几个月，有的是一年，据此制订全年的设备检查、保养计划。

2. 二级维护

二级维护即设备更换及板级更换维护，这些工作由机电系统维护技术员、机电工程师完成，或由经过确认的站级维护员完成。

设备更换及板级更换维护是站级维护最常用的办法。在维护站储备常用的备件，在必要时进行更换。在更换时首先要明确故障点的位置，并要检查是否有危害源存在，确定故障点后，检查输入的电压是否正常，输出电源部分及信号部分有无短路等。如互通摄像机解码器损坏，应立即换正常的解码器，如果发现仍然不能工作，又发现新换的解码器被烧掉，则可能是防雷器被击穿，造成电源短路。

3. 三级维护

三级维护即设备供给及器件更换维护，一般由工程师完成设备供给及器件更换维护，是中心级维护的主要职责。系统设备因技术进步不断更新。为了保证必要的设备供给，要经常了解维护站所用设备的需求及发展情况、兼容情况，要以社会市场为大仓库，必要时能迅速提供需要的设备，为了保证系统的正常运行，根据设备故障发生率，储备一些重要设备的备件、备品，以备损坏更换。

器件更换维护是提高工程技术人员修复设备的重要手段。在系统上首先检查电源系统供电是否正常，再检查信号的输入/输出是否正常。确定设备故障点后，养成打开机箱查找故障点的良好习惯。打开机箱，首先检查电源供给是否正常，对于用集成电路组成的板路，检查电压是否正常，要从集成块上测量，逐步向电源模块，检查电源模块输入/输出电压，然后检查信号的输入/输出状态。对于由于电阻烧毁、电容击穿再次更换时，电阻要提高功率，电容要提高耐压程度。对于正式、规范的产品，故障排除较容易，由于高速公路设备种类繁多，进行板级维护需要的元器备件太多，专用集成块无法购到，因此对于专用集成板块损坏，送到产品专用维护点进行维护，将精力集中到一些非标产品上。

 实训任务

描述高速公路机电系统维护模式、维护对象与主要任务，见表1-1。

高速公路机电系统维护模式、对象和主要任务分析　　　　表1-1

机电系统维护级别	维护人员类型	主要维护对象	主要任务
一级维护			
二级维护			
三级维护			

任务二　高速公路机电系统专用设备的使用

在高速公路机电系统设备或强、弱电气维护中，必须正确熟练使用常用工具、专用工具和仪器仪表。在维修过程中，要拥有并正确使用这些工具和仪表，才能有效地排除故障。

一、数字万用表的使用

数字万用表是一种多用途电子测量仪器，一般包含安培计、电压表、欧姆计等功能，有时也称为万用计、多用计、多用表，或三用表。

数字万用表使用方法如下：首先要了解 Power 电源开关、HOLD 锁屏按键、B/L 背光灯，其次要了解转换开关，V-或 DCV 直流电压挡，V～或 ACV 交流电压挡，A-或 DCA 直流电流挡，A～或 ACA 交流电流挡，Ω电阻挡。画一个二极管的符号是二极管挡也称蜂鸣挡，F 表示电容挡，H 表示电感挡，hfe 表示三极管电流放大系数测试挡。一般数字表会有4个插孔，分别是 VΩ孔、COM 孔、mA 孔、10A 孔或 20A 孔。数字万用表如图1-5所示。

测量直流电压、交流电压、电阻、电容、二极管、三极管、检查线路通断等，将红表笔插入 VΩ孔，黑表笔插入 COM 孔。

测量 mA 级别的电流或 μA 级的电流，将红表笔插入 mA 电流专用插孔，黑表笔插入 COM 孔。

测量高于 mA 级别的电流，将红表笔插入 10A 或 20A 孔，黑表笔插入 COM 孔，COM 孔也称公共端，是专门插入黑表笔的插孔。

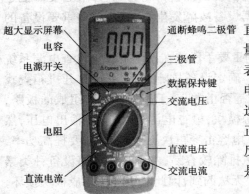

图 1-5　数字万用表

测量电压的时候，适当选择好量程。如果测量直流电压，就要打到直流电压挡 V-（DCV）；如果测量交流电压，就要打到交流电压挡 V~（ACV），将红表笔插入 VΩ 孔，黑表笔插入 COM 孔，然后并联进电路测量电压。如果不知道被测信号有多大，则要选择最大量程测量。测量直流电的时候，不必考虑正负极，因为数字表不像指针表，测量直流信号测量反了，表针反打，数字表只是会显示符号，说明信号是从黑表笔进入。

测量电流的时候，根据被测电流大小不同，选择插孔，如果测量小电流就要将红表笔插入 mA 孔，黑表笔插入 COM 孔。将红黑表笔串进线路中测量电流，如果测量出来显示"1"说明过量程，则要增大量程测量，mA 孔一般会设置一个 200mA 的保险管，测量大电流的时候要将红表笔插入 10A 或 20A 孔，黑表笔插入 COM 孔，10A 孔或 20A 孔一般不设计保险，测量大电流的时候，一定要注意时间，正确测量时间应该是在 10~15s。如果长时间测量，由于电流挡康铜或锰铜分流电阻，过热引起阻值变化，引起测量误差。

测量电阻的时候，首先要万用表打到电阻挡选择适当选择量程，如果不知道被测电阻阻值有多大，则应该选择最大量程，然后将红表笔插入 VΩ 孔，黑表笔插入 COM 孔，接在电阻的两端，不分正负极。因为电阻没有正负极，如果测量中发现万用表显示"1"则要使用最大挡测量一遍，如果使用最大挡测量该电阻阻值还是"1"则说明该电阻开路，如果测量中发现电阻阻值为 001，说明该电阻内部击穿。测量电阻的时候，首先短接表笔测出表笔线的电阻值，一般在 0.1~0.3Ω，阻值不能超过 0.5Ω，超过则说明 9V 电池也就是万用表电源电压 9V 偏低引起的，或者是刀盘与电路板接触松动引起的，测量的时候不要用手去握表笔金属部分，以免进入人体电阻，会引起测量误差。

测量二极管的时候，要使用二极管挡，数字表二极管挡 VΩ 和 COM 孔的开路电压为 2.8V 左右，将红表笔插入 VΩ 孔，黑表笔插入 COM 孔，将红表笔接二极管正极，黑表笔接负极，测量出正向电阻值，反之测量二极管的反向电阻值，因为在数字表里红表笔接触内部电池正极带正电，而黑表笔接触内部电池负极带负电，正好跟指针表相反，在指针表里电阻挡红表笔接触内部电池负极，黑表笔接触内部电池正极。如果正向电阻值为 300~600Ω，反向电阻值上 1000，则说明管子是好的；如果正反向电阻值均为"1"，则说明管子开路，如果正反向电阻值均为 001，则说明管子击穿；如果正反向电阻值差不多，则说明管子质量差。

二、试电笔的使用

试电笔（也称测电笔）是检验线路和设备带电部分是否带电的工具，在应用时要根据电压高低加以选用，测电笔适用于直接检测 12~250V 的交直流电和间接检测交流电的零线、相线和断点，还可测量不带电导体的通断。其基本结构如图 1-6 所示。

三、螺丝刀的使用

用于螺钉的紧固或拆卸,螺钉旋具是必不可少的。螺钉旋具也称螺丝刀、改锥或起子,常用的有一字形、十字形、三角形、五角形等,还有异形起子。常用螺丝刀如图 1-7 所示。对于一字槽的螺钉,需要用一字形螺钉起子来旋紧或拆卸,一字形螺钉旋具规格是用柄部以外的杆体长度表示,常用的有 100mm、150mm、200mm、300mm 和 400mm 等几种。

螺钉旋具在使用时,要注意用力平稳,起子的选用与螺钉凹槽接触面要大,常出的毛病是小号起子旋起大号螺钉,由于力度不够,容易将螺钉凹槽拉毛。

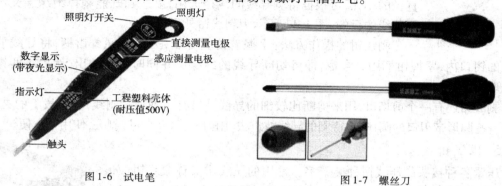

图 1-6 试电笔　　　　图 1-7 螺丝刀

四、钳子的使用

1. 尖嘴钳

尖嘴钳又称尖头钳。常用的尖嘴钳如图 1-8 所示。

尖嘴钳包括带刀口与不带刀口、铁柄与绝缘柄等几种类型。一般绝缘柄的耐压为 500V,带塑胶绝缘柄的尖嘴钳最常用。

尖嘴钳的头部细而尖,在狭小的工作空间也能灵活操作,经常用于焊接点上的缠绕导线和元器件的引线,以及导线或元器件的引脚成型。在焊接时,如果要求电烙铁的热量不能对元器件造成危害,可以用其作为热容体。

图 1-8 尖嘴钳

2. 钢丝钳(老虎钳)

钢丝钳是用于夹持或弯折薄片形、圆柱形金属零件,其旁刃口也可用于切断细金属丝。常用钳类工具其如图 1-9 所示。

图 1-9 钢丝钳

钢丝钳规格较多,电工常用的有 175mm 和 200mm 两种。钢丝钳柄部有耐压 500V 以上的塑料绝缘套,使用前应检查绝缘套是否完好,绝缘套破损的钢丝钳不能使用。在切断导线时,要一根一根地切断,两根一起切断易造成短路。

3. 斜口钳

斜口钳主要用于剪切导线,元器件多余的引线,还常用来代替一般剪刀剪切绝缘套管、尼龙扎线卡等。常用斜口钳如图 1-10 所示。斜口钳功能以切断导线为主,$2.5mm^2$ 的单股铜线剪切起来已经很费力,而且容易导致钳子损坏,所以建议斜口钳不宜剪切

图 1-10 斜口钳

2.5mm² 以上的单股铜线和铁丝。在尺寸选择上以 5″、6″、7″为主,普通电工布线时选择 6″、7″切断能力比较强,剪切不费力。线路板安装维修以 5″、6″为主,使用起来方便灵活,长时间使用时不易疲劳。

4. 剥线钳

剥线钳是需要剥除电线端部绝缘层(如橡胶层、塑料层时)常选的专用工具。它的手柄是绝缘的,因此可以带电操作,工作电压一般不允许超过 500V。剥线钳的优点在于使用效率高、剥线尺寸准确、不易损伤芯线。钳口处有数个不同直径的小孔,可根据待剥导线的线径选用,以达到既能剥掉绝缘层又不损坏芯线的目的,图 1-11 所示为剥线钳外形。

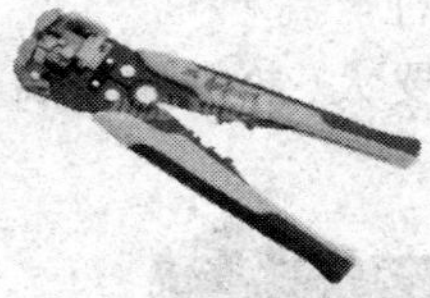

图 1-11 剥线钳

剥线钳的操作方法:手握着待剥导线,另一手握着钳柄,将导线放进选定的钳口内,紧握钳柄用力合拢,即可切断导线的绝缘层并同时将其拉出,然后将两钳柄松开取出导线。

剥线钳还有一个剪切口,用来剪断比较细的导线。另有一种夹式剥线,类似拔毛的夹子,上有一些圆形带刃口的圆口,将待剥的导线放进去,用力一拔即将外层剥去,使用很方便。

5. 压线钳

压紧各种接头的压线钳种类繁多。常用的压线钳又称驳线钳(如图 1-12 所示),是用来压制水晶头的一种工具。常见的电话线接头和网线接头都是用压线钳压制而成的。

图 1-12 压线钳

五、扳手的使用

需要紧固或拆卸螺母、螺栓时,常选的工具是扳手。常用扳手有固定扳手、套筒扳手、活动扳手三类。需要紧固或拆卸方头或六角头螺栓、螺母时,可选用固定扳手。套筒扳手除具有一般扳手的特点外,特别适合于在装配位置狭小、凹下很深的部位及不允许手柄有较大转动角度的场合下紧固、拆卸六角螺栓或螺母使用。活动扳手可以扳动一定尺寸范围的六角头或方头螺栓、螺母,因其开口宽度可以调节。活动扳手的规格以最大开口宽度乘以扳手长度来表示。常用活动扳手如图 1-13 所示。用扳手时,扳手的扳动方向要正确,否则易损坏扳手的调节螺钉或使扳手滑动。

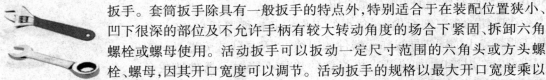

图 1-13 活动扳手和固定扳手

六、钢锯的使用

要锯割各种金属板和电路板时,可用钢锯这一工具,如图 1-14 所示。使用钢锯时,注意充分利用锯条的全长,否则易缩短锯条的使用寿命。安装锯条时,锯齿尖端应朝前方,锯条松紧度要合适,用两个手指拧紧蝶形螺母。只有安装和使用正确,才可使钢锯使用自如,经久耐用。在锯割电路板上孔时,还可以选用钢丝锯,是在钢丝上有齿,常用于在电路板上开各种洞口。

图 1-14 钢锯

七、钻具的使用

小型台式钻床,在维修过程中经常要钻一些小孔,加工尺寸为 1~10mm,要求钻的孔规

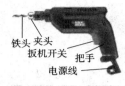

图 1-15 电钻

范。钻小孔时,钻头易断,最好用小型台式钻床。冲击钻是一种电动工具,它具有两种功能:一是可作为普通电钻用;二是可用做冲击钻,用于外场作业。如图 1-15 所示。

八、登高工具的使用

维护广场照明灯、雨棚照明灯、雨棚通行灯、路边和广场摄像机等都要进行高空作业,进行高空作业常用的工具有高空作业车、移动脚手架、梯子等。

(1)高空作业车之中有一种是吊车型,起到吊车和高空作业车的双重作用,如图 1-16 所示。高速公路要以广场照明灯的维护高度来订货,作业斗可以容纳两个人工作,采用此车工作安全可靠。另一种常见的高空作业车为升降车,升降装置采用液压传动,可以将升降装置安装在汽车货箱内,工作也极为方便。

图 1-16 高空作业车

图 1-17 活动脚手架

(2)活动可拆卸的脚手架如图 1-17 所示,下部有 4 个轮子,用紧固件组装成桌面体,可以一层层往上加,一般用两或三层比较好,最上面一层可以加护栏,工作条件还可以,但是由于晃动较大,会影响工作。

(3)常用的梯子有直梯和人字梯两种,如图 1-18 所示。质材有木梯、竹梯、不锈钢金属梯等,常用于户外登高作业,人字梯通常用于户内登高作业。直梯的两脚应各绑扎胶皮之类防滑材料,人字梯应在中间绑扎防止自动滑开的安全绳。登在人字梯上操作时,切不可采取骑马方式站立,以防人字梯两脚自动滑开时造成严重的工伤事故,同时,骑马站立的姿势,在操作时也极不灵活。不论采用何种登高工具,都要采用安全带,工作时一定要将安全带系好,特别是使用梯子更要注意,以免发生事故。

图 1-18 人字梯

九、电烙铁的使用

电烙铁是手工焊接的基本工具,也是电子产品制作与维修中不可缺少的用具。因此了解电烙铁的选用知识和正确的使用方法,是做好焊接工作的基础,在实验室常见的电烙铁如图 1-19 所示。

图 1-19 电烙铁和焊锡丝

选择合理的焊接工具是焊好元器件关键,设备中常见的焊点虚焊、脱落、元件损坏,都必须进行焊接处理。焊接工具最常用的是电烙铁,有外热式、内热式两种。外热式电烙铁,通电后电阻丝发热,经过传热筒加热插在内部的烙铁头,体积较大,但是头易更换,可以根据需求做成需要的形状,焊接时性能好,比较常用,常见的功率规格有 25W、30W、45W、75W、100W、150W、200W 等。内热式电烙铁,烙铁芯放在烙铁头内部,因此加热快、体积小、质量轻、省电,常用的有 20W、35W、50W 等。由于两种电烙铁的加热方式不同,发热效率也不大一样,如一个 25W 的内热式电烙铁,相当于 20~45W 外热式电烙铁。内热式电烙铁在焊接过程中一定要注意烙铁头接地,拧开把手会发现接地点,如果烙铁头未接地,其上的感应电压或漏电电压可能烧毁集成块,此点在焊接处理集成电路时,应特别注意。

实训任务

认识机电系统维护专用工具与仪表——设备与名称连线，见表1-2。

高速公路机电系统维护常用工具　　　　　　　表1-2

| a. 示波器 | b. 电流表 | c. 光纤剥线钳 | d. 镊子 | e. 钳形交流表 | f. 网络测试仪 |
| g. 剥线钳 | h. 电阻测试仪 | i. 光纤测试仪 | j. 光纤熔接器 | k. 气动棘轮扳手 | |

项目单元测试

一、选择题

1. 高速公路以（　　）的突出优势成为公路运输的主要交通设施。
   A. 迅速　　　　　　B. 快速　　　　　　C. 高速　　　　　　D. 超速
2. 车辆在高速公路行驶的突出特点是（　　）。
   A. 车速快，行车时间短　　　　　　B. 通行能力大
   C. 运输效率高　　　　　　　　　　D. 安全舒适
3. 高速公路与普通公路相比，主要不同之处是（　　）。
   A. "运营"和"管理"　　　　　　　　B. "安全"和"舒适"
   C. "高速"和"收费"　　　　　　　　D. "高速"和"安全"
4. 高速公路机电系统根据其技术特点和实际功能基本可分为（　　）四个基本系统。
   A. 收费系统　　　　B. 监控系统　　　　C. 隧道安全与保障系统
   D. 通信系统　　　　E. 供电和照明系统
5. 现代机电系统建设的显著特点是（　　）。
   A. 标准化　　　　　B. 集成化　　　　　C. 数字化
   D. 智能化　　　　　E. 模块化

二、填空题

1. 我国高速公路与普通公路相比,在_____和_____上具有其自身特点。
2. 高速公路的运行特点可归结为_____、_____、_____、_____。
3. 根据国情,我国采取"筹资建路、_____、还贷、_____"的滚动模式发展高速公路。
4. 要发挥高速公路优势,在管理上应该做到的三个"快"和"准",即_____、_____和_____。
5. 高速公路交通运输是一个综合系统,由_____、_____和_____组成。
6. 高速公路机电系统根据其技术特点和实际功能,基本上可分为_____、_____、_____和_____四个系统。

三、判断题

1. 高速公路与普通公路相比,主要不同之处是"高速"和"舒适"。（　　）
2. 高速公路交通运输是一个综合系统。（　　）
3. 我国高速公路建设已经成熟,不需要再做进一步的规划和建设。（　　）
4. 机电系统的可靠运行是高速公路正常运营的重要保证。（　　）
5. 机电系统操作维护岗位按照工作性质和内容一般可分为收费员、机房值班人员、维护人员、维修人员和系统配置管理人员。（　　）

四、简述以下机电设备维修常用工具功能

1. 数字万用表
2. 网络测试仪
3. 电烙铁
4. 活动扳手

五、简答题

1. 我国高速公路主要有哪些特点？
2. 简述高速公路机电系统的组成。
3. 简述高速公路运营管理的内容和特点。
4. 简述机电系统的主要功能和作用。
5. 高速公路机电系统的一级维护主要包括哪些内容？

项目二　高速公路收费系统运行与维护

 知识目标

1. 了解我国高速公路特征、高速公路收费管理特性；
2. 掌握高速公路收费系统的收费制式、收费对象和收费方式；
3. 掌握高速公路收费系统基本构成；
4. 掌握高速公路收费系统硬软件功能；
5. 了解新技术在高速公路收费系统中的应用。

 技能目标

1. 会描述高速公路收费系统的组成图；
2. 认识高速公路收费系统设备；
3. 熟练高速公路收费系统车道软件操作；
4. 掌握收费监控软件的应用；
5. 熟悉高速公路收费系统数据库维护与管理；
6. 掌握收费系统中的常见故障及排除方法。

 项目引入

高速公路收费系统是高速公路运营与管理业务的重要组成部分，是提高交通收费业务科学管理化的一个重要环节。它将解决在交通收费业务中由于采用传统方法和手段所出现的难于处理的各种问题，并把管理对象转到信息对象的信息管理系统，把交通收费管理工作推向新的高度。交通日益成为国家快速发展的重要前提，我国高速公路里程逐年增长，收费业务也越来越复杂，各种收费中的不正常现象也逐渐增多，为了有效提高对征收业务的管理，真正实现信息采集、加工、分类、存储、统计、查询、传输计算机化，从而提高工作效率，实现信息共享，面向社会服务。本项目将主要介绍高速公路收费系统运行、维护和管理相关基础知识和基本技能。

 知识支撑

 思考

我国高速公路具有什么特征？高速收费管理有什么特性？高速公路收费对象有哪些？高速公路收费系统中投资成本、作业成本和收费期限指的是什么？高速公路收费模式、收费方式有哪几种？各有什么特点？

任务一　高速公路收费系统概述

一、我国高速公路的特征

我国高速公路目前采取"集资建路,有偿使用,共同受益"的方针,配合"以路养路,以路建路"措施,有效地促进了我国高速公路建设迅速发展。这些方针和措施决定我国高速公路具有以下特征:

(1)投资方式多样化

我国高速公路大多由国家和地方贷款投资建设,产权归国家所有,由国家委托地方组织营运管理公司,以企业法人形式进行管理。同时也存在各种集资方式兴建的道路,如由地方政府、外商、社会集资或合资建设;发行股票上市,产权归集体所有,由道路通行费中提取一定比例资金扩建新路等。

(2)收费道路

为偿还贷款和保证投资获取一定利润,国家规定在高速公路建成运行后的经营期内,可以对使用道路的车辆征收道路通行费。通行费用来偿还建设投资本金与利息,交纳税额,维持道路养护和日常运行。国家政策规定高速公路、一级公路可以采用收费方式经营。

(3)管理模式多样化

我国高速公路建设规划达几万公里,穿越多个省市,只能由各省分期分段建设。道路建设资金来源不同,业主不同,根据"谁投资,谁管理,谁受益"的原则,由业主组建的建设和运营管理公司不同,其道路设施、管理模式、管理制度都各具特色。因此,在以高速公路为主骨架的道路网络上,可能由几个或几十个分属不同业主的公司按照不同的模式运作,道路收费管理模式也必然多样化。

二、高速公路收费管理的特性

高速公路收取通行费与普通公路收缴养路费(现为燃油税)的方式不同,只对通过高速公路的车辆收取通行费。高速公路收费具有以下特性:

(1)强制性

收费政策是国家、省、市、自治区以行政法规的形式发布的,所有通过的车辆除特殊规定外必须交费,否则,将按规定受到处罚。

(2)严肃性

通行费的标准是经国家或省、市人民政府等有关部门批准执行的,具有一定的严肃性和权威性,任何单位和个人不得随意更改。

(3)专用性

通行费收入专用于高速公路还贷、养护和改扩建等。

三、高速公路收费的对象

(1)高速公路的营运管理者必须在国家允许的范围内,按照标准征收车辆通行费。

(2)使用收费公路的用户必须履行交纳通行费的义务,即一般在高速公路上行驶的车辆必须按章交费,任何逃费、冲卡等均属违法行为。

(3) 国家明文规定以下车辆可以享受免费待遇：

①高速公路营运管理所必需的路政车、拯救车、维修车等内部管理使用的车辆，但必须配备必要的标牌和标志。

②正在执行紧急任务，并设置有专用设备或专门标志的消防车，救护车、公安、司法部门的警车等。

③挂军队牌照的车辆，由中央军委和国务院共同发布命令，自1997年8月1日起，军队车辆可以免费使用高速公路。

④根据地方政府法律文件可以享受免费待遇的特许车辆。

四、高速公路收费系统中专用术语

1. 征费率

征费率是根据国家规定的公路收费条例，通过人工或收费系统将应该征收的金额全部收回。事实上由于存在差错和费额的人为流失，征收率很难达到100%。

2. 缴费等候延误

缴费等候延误是车辆进站减速排队等候，缴费和驶离收费车道达到允许最高车速所需时间之和。其中办理缴费的时间主要由设备处理时间、人工操作设备时间和缴付通行费时间三个部分组成。

3. 投资成本

投资成本是指收费站必要设施与管理设施的设置成本。

4. 作业成本

作业成本是指收费系统每年必须支付给收费人员与管理人员的各种开支（如工资、福利、培训、住房等）以及收费业务与收费设施维护所需费用等。

5. 实施难度

实施难度是根据高速公路的收费制式收费站建成后实现正常收费工作的难度。

6. 收费期限

2004年9月13日我国颁布的《收费公路管理条例》中对收费期限规定为：政府还贷公路不少于15年，中西部不少于20年；经营性公路不少于25年，中西部不少于30年。

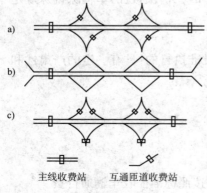

图 2-1 基本收费模式
a) 均一式；b) 开放式；c) 封闭式

五、高速公路收费模式

收费模式决定了高速公路收费系统的建设规模、收费站的建设位置和收费的业务流程。目前，收费系统通常采用均一式、开放式、封闭式和混合式4种收费模式。前三种收费制式的收费站在高速公路上的布设形式和位置如图 2-1 所示。为简化起见，互通立交简化成喇叭形或菱形。

1. 均一式收费制式

均一式是最简单的一种收费制式。收费站一般设置在高速公路的各个匝道入（出）口和主线两端入（出）口。

每辆车在进出高速公路时,只要在一个收费站停车缴费就可以在高速公路内自由行驶,不再受阻拦。均一式的收费标准仅根据车型一个因素确定,不考虑行驶里程,而且各个收费站都取统一的收费标准。

均一式比较适合于城市快速路、环城高速公路和短途城市间高速公路,其道路交通特点是总里程较短,互通式立交多且密,车辆行驶里程短,车辆之间的行驶里程相差不大,而且交通量很大。此外,收费站和互通立交的规模和形式又受到用地的限制,因而需要很高的处理效率。均一式收费制式能较好地适应这些特点和要求。

2. 开放式收费制式

开放式收费系统的收费站建在高速公路主线上,一般每隔 40~60km 建一个收费站,里程较长的高速公路可以多建几个收费站,各个互通立交的进出口不再设收费站,这样车辆可以自由地进出高速公路而不受控制,高速公路对外呈"开放"状态。

开放式收费系统在欧美等国应用较多,这种制式适用于里程较短或互通立交较少的高速公路,或者独立收费的桥梁、隧道和非封闭的收费道路等。对于中长里程的高速公路,由于漏收、长途车辆需多次停车缴费以及不能兼顾交通管理等问题比较突出,所以开放式较少采用。

3. 封闭式收费制式

封闭式收费系统的收费站建在高速公路的所有进出口处,其中起终点的进出口收费站一般建在主线上,称为主线起点(或终点)收费站,其收费广场形式与开放式相似。互通立交进出口收费站建在进出口匝道上,称为互通立交匝道收费站。

封闭式收费系统一般适用于道路里程较长,互通立交较多,以及车辆的行驶里程差距较大的封闭式道路。它具有收费合理、长途车缴费延误小等突出优点,但也存在建设投资和营运成本高、管理复杂等突出问题。目前我国所建的高速公路,大部分是城市间的高速公路,因而大多选择封闭式收费系统。

4. 混合式收费制式

大多数国家的高速公路都是分阶段修建、逐渐成网的。最初修建的路段往往较短,所以有时先在主线上建一个收费站,成为开放式系统。以后随着线路的延长,从整体考虑不宜采用开放式,但原有的收费系统已经运转多年,制式很难改变,于是便发展成开放式和封闭式的混合形式。此外,还有均一式、开放式、封闭式等多种形式混合的系统。

均一式、开放式与封闭式收费模式的比较,见表 2-1。

均一式、开放式与封闭式收费模式的比较　　　　　　表 2-1

制式 项目	均一式	开放式	封闭式
建造成本	高	低	较高
收费效率	高	高	低
运营成本	高	低	最高
管理难度	难	容易	最难
使用者付费	安全	不安全	安全
收费合理	最不合理	不合理	合理
对主线交通影响	入口甚微、出口严重	严重	甚微
兼顾交通管理	较好	无	好
安全性	好	差	较差

六、高速公路收费方式

高速公路收费方式由人工收费方式、半自动收费方式和全自动收费方式（ETC）等三种方式。

1. 人工收费方式

人工收费不需要或基本不使用电子和机械设备，收费过程由人工完成，即人工判车型，人工套用收费标准，人工收钱、找零、给发票。这种方式需要较多的收费人员与单调繁琐的程序，采用人监督人的方式。

（1）人工收费的过程

①识别车型：收费员目测车辆类型后，按下收费标准按钮，在显示牌上向车主显示收费金额。

②收取费用：收费员验看通行券，手工收取通行费。

③发放收据：发给车主由收款机打印或事先印好的收据。

④放行车辆：收费员按下收费完毕或允许通行按钮，开起栅栏放行。

（2）人工收费的主要特点

①除基本的土建费以外，不需要其他的收费设施和管理设备，投资较少，造价低。

②由于收费全过程为人工处理，大大增加了收费人员的编制和工作量。

③增加了车辆在收费车道上的延误，影响交通流畅。

④在车辆行驶里程计算和车型分类上难免会出现差错，造成争吵和漏收，很难防止作弊现象的发生。

2. 半自动收费方式

半自动收费方式是指收费过程由电子机械设备和人共同完成的收费方式，它通过使用计算机、电子收费设备、交通控制和显示设施代替人工收费方式操作的一部分工作。

目前我国的收费站，绝大部分使用此种收费方式，同时增加闭路电视监控系统，形成独具特色的"人工收费、计算机管理、电视监控"的半自动收费模式，使这种收费方式更趋于严密和成熟。

（1）半自动收费流程

①入口根据车型（人工识别车型或仪器识别）发通行卡，卡上记录有入口及车型等有关信息。

②车辆上路行驶，出口交卡。

③收费员根据读卡机计算显示的费额（同时有显示器向驾驶员显示应交费用）完成收费找零。

④放行。

（2）半自动收费的特点

①采用计算机自动认读统计，不加入任何人工干预，可有效防止作弊等行为。

②完全在自然连续车流的情况下自动检测车辆通过情况（用于统计与核对）。

③有较完善的系统维护功能和不间断电源。

④能够自动完成统计报表、数据汇总上报等，有利于实现办公自动化。

3. 全自动收费方式

全自动收费方式指电子收费系统（Electronic Toll Collection，简称ETC）或不停车收费系统,它是指利用电子、计算机与通信技术,完成收费、统计和监控工作,使驾驶员不需停车就可缴付通行费。

(1) 全自动收费过程

车辆驶入收费车道进口天线的发射范围,处于休眠状态的标识卡受到微波激励而苏醒,开始工作,响应天线的请求,以微波发出卡和车型类别代码,天线接收信号并确认卡有效后,以微波发出入口车道代码和时间信号,写入卡的存储器内。当车辆驶入收费车道出口天线发射范围,经过唤醒、相互认证有效性等过程,天线读出车类及入口代码和时间,传送给车道控制机;控制机对信息核实确认后,算出此次通行费额,存储或指令天线将费额写入标识卡。与此同时,控制器存储原始数据并编辑成数据文件,定时传送给收费站并转送后台。

如果持无效标识卡或无卡车辆,在收费车道上高速冲卡而过,天线在确认无效性的同时,启动快速自动栏杆,关闭收费车道,当场将冲卡车辆拦截并及时处理。在无专用收费车道的自由流收费时,可启动逃费抓拍摄像机,将逃费冲卡车辆的牌照号码记录下来,随同出口代码和冲卡时间一并传送给车道控制机记录在案,事后依法处理。

后台在收到收费数据文件后,应从各个用户的账号中,扣除通行费和算出余额,叠加汇总通行费额,拨入公路公司账号。与此同时,应核对各账户剩余金额是否低于预定的临界阈值,如低于,应及时通知用户补交,并将此类卡编入黄名单下发给全体收费站。如持着黄卡用户不补交金额,继续持卡通行,导致剩余金额低于危险值,则应将其划归无效卡,编入黑名单,并通知各收费站,拒绝无效卡在高速公路电子收费车道通行。

后台应有常设用户服务机构,向客户出售标识卡、补收金额和接待客户查询。显然,后台必须有一套金融运行规则和强大的计算机网络及数据库的支持,才能实现事后收费。

(2) 全自动收费的特点

不停车、无人工操作和无现金交易是电子收费系统的三大主要特点,它适合开放式和封闭式两种收费制式,避免了现有半自动收费过程中的弊端。由于不需要停车等候,当交通量较大时,不会产生收费站前的车辆排队等候现象,减少了车辆延误;由于无需人工参与和无现金交易,可完全避免收费过程中的舞弊和贪污现象,同时也能解决由于交通堵塞而引起的能源消耗和环境污染等问题。对于需要实施拥挤收费来控制交通需求的地方,不停车收费方式可很好地适应在不同时段、不同地段对不同车型实现不同的收费标准。电子收费系统代表着当今最先进的收费技术,也是未来发展的方向,有着广阔的发展前景。

(3) 全自动收费的效果

电子收费系统优势明显,它将彻底改变半自动收费的窘迫现状,其效果表现为:

① 方便客户长途旅行。当多条高速公路开通形成公路网络,区域收费势在必行,以车载识别卡作为通行券,可使客户持卡在路网任何道路行驶而无需停车交费。

② 提高收费车道通过率。与人工收费车道相比,可提高 5~7 倍。

③ 提高管理效益。可大量减少收费人员,节省日常管理费用 25%~40%。

④ 费额流失减少。减少车型判别和收费操作差错,也杜绝人为费额流失。

⑤ 节约能源。与停车收费相比,车辆燃油消耗约降低 15%。

⑥ 改善收费站环境。

⑦ 收费站前不急速停留,汽车排放所造成的空气污染减弱。

人工、半自动与全自动收费方式的比较,见表 2-2。

人工、半自动与全自动收费方式的比较 表2-2

项目 \ 收费方式	人工	半自动	全自动
收费率	低	较高	最高
缴费等候延误时间	长	较短	零
投资成本	最低	高	较高
作业成本	较高	高	低
实施难度	最低	较难	初期较难

 实训任务

根据以下三种不同的高速公路收费方式——描述收费业务流程,见表2-3。

三种高速公路收费方式业务 表2-3

方式 \ 步骤	人工收费	半自动收费（MTC）	全自动收费（ETC）
第一步			
第二步			
第三步			
第四步			
…			

七、新技术在高速公路收费系统中的应用

随着现代电子技术、通信技术、计算机技术和网络技术的不断发展以及交通需求的增加,越来越多的人们关心和研究如何提高收费系统的运行效率、增加经营管理效益、减少车辆通行延误。通过选择合适的收费方式,借助先进的监控手段对收费道路进行交通流管理,最终与相关干道的管理相协调,将是未来收费系统的特色。收费系统中还存在许多令人瞩目的发展余地和新的领域,这些领域的研究和开发必将使高速公路向着更快、更舒适、更安全的方向发展。

1. 车辆检测器技术

车辆检测器技术随着传感器、通信、计算机和人工智能等技术的发展在高速公路收费系统中得到了广泛运用,车辆检测器技术的发展主要集中在以下几个方面:

(1)以电磁场原理研究开发的车辆检测器,重点是提高此类检测器的可靠性和使用寿命。该方法通过对原有检测器探头和信号处理装置(包括软件)的改进来实现,只要车辆是由钢铁制成,它的属性就不变,该方法不失为一个有价值的方法。

(2)以微波、超声波和红外线等对车辆发射电磁波而产生感应原理的检测器的研究,其研究重点在于提高检测器的精度和抗干扰能力。由于此类检测器具有便于安装和维护的特点,其生命力将会很强,有着良好的发展前景。

(3)检测器系统化和光机电一体化的发展研究。表现在以车辆检测器的发展为基础,结合人工智能和先进的计算方法等,使车辆检测器朝着系统化、智能化和光机电一体化的方向发展。如智能化遥感微波检测器、感应线圈(ILD)、智能交通流量测试仪、高速公路事件自动探测系统和借助红外线技术的定点摄像记录系统的研究等。特别是现阶段,在国内加强这一方面的研究、应用和发展显得尤为重要,同时也将为我国高速公路收费站管理智能化打下坚实的基础。

(4)新的检测技术的发展研究。即完全抛开传统的检测原理和方法,采用新的检测技术和分析方法,如以摄像和计算机图像处理为基础的交通视频检测技术,其目的是替代传统的检测器并提供传统检测器所无法完成的更多的车辆和交通流的状态参数。该方向的研究重点是提高图像识别的速度(实时性)和精度(准确性),同时降低成本。交通视频车辆检测技术是一项高新技术,目前是国内外研究的重点,它必将为先进的交通控制系统和智能交通系统的发展及实用化打下良好的基础。

2. 自动车辆识别技术

自动车辆识别(Automatic Vehicle Identification,简称 AVI)是当车辆通过某一特定地点时,不需要驾驶员和收费人员采取任何行动,就能够精确、快速识别出车辆身份的一种技术。车辆识别技术是高速公路自动收费系统(不停车收费系统 ETC)的关键技术。目前车辆识别技术朝着以下几个方面发展:

(1)光学和红外 AVI 系统。该系统利用了装在车辆外面的一个代码标志的标签,该标签类似于条形码,车辆识别信息由一系列宽度或颜色变化的线条保持,当车辆经过读取单元时,数量和颜色变化的光被反射到读取单元上,这些反射光的唯一形式被自动分析后,表明车辆身份的代码信息被抽取出。

(2)电感 AVI 系统利用电感耦合实现数据传送。路边读取单元采用传统的线圈作为天线,用于传送信号给车辆或从车辆传送信号给读取单元。电感收发两用机使用简单的线圈或铁氧体测杆为天线,天线大小与通信波长有关。

(3)射频和微波技术,是目前一些自动车辆识别系统的基础,它利用微波通信技术实现数据代码的传输。微波系统的优点是当使用高频时,它能够比电感环式检测高出很多的速率传送数据,这样就增加了系统能够处理的数据数量,由于天线的大小与所使用的波长有关,微波收发装置在尺寸上比电感收发装置小。

(4)声表面波系统也是 AVI 系统的技术基础,一个声表面波系统由车辆标签、一个带主动式天线的射频读取单元和一个信号处理单元组成,信号处理单元用于翻译标签代码并生成向计算机传输的信息。

(5)图像处理 AVI 系统由摄像机(CCD)、图像卡及计算机处理系统组成。由 CCD 摄取的图像,经 AAI 转换后再输给计算机系统进行图像的预处理及识别,识别的内容一般包括车牌号码、车型或颜色。

3. 逃费抓拍系统(VES)技术

逃费抓拍系统(Video Enforcement System,简写 VES)利用收费系统的各种硬件和处理程序,对未付或未付足费的通过车辆抓拍车辆信息的系统。它用于抓拍没有装备有效 ETC 电子标签,但使用 ETC 车道的通过车辆的车牌图像。这些图像用于事后查阅该车拍照号码、车型、隶属省、市、地区及单位,以便对注册车主进行搜寻和处理。逃费抓拍系统能够捕捉静止或速度低于10km/h的车辆图像,字符识别率应该保持在96%以上,对一些容易混淆的字符应有分辨能力。

近年来,在车辆牌照字符识别系统的研究领域出现了许多切实可行的识别技术和方法。从这些新技术和新方法中可以看到两个明显的趋势:

①单一的预处理和识别技术都无法达到理想的结果,多种方法的有机结合才能使系统的有效识别能力提高。

②在有效和实用的原则下,结合神经网络和人工智能的新技术的应用是一个研究方向,也将为智能交通管理系统在公路建设和管理中的普及打下基础。

4.车型分类技术

车型分得越细,车型分类仪结构越复杂,造价就越高。通常的做法是测量车辆的外形尺寸和底盘参数,如车长、车高、轴距、底盘、轮胎直径,然后转换成标称载重吨位(或客车座位数),再把标称吨位分成若干类。

车型分类的最直接的办法是对车辆称重,但是由于目前的汽车称重设备寿命低且造价高,所以实用性较差。

红外分类方法效果较好,技术与设备都比较成熟,可以直接购买产品并进行配置。

基于计算机视觉的车型分类方法已经逐步从实验室阶段走向实际系统,自动化程度高,设备便宜,可操作性好,可靠性高。目前,自动车型分类技术成为ETC收费系统和计重收费系统中的关键技术。

5.网络技术

计算机和网络是实现高速公路收费系统智能化和自动化的基础技术,要实现联网收费,必须要有高速可靠的计算机网络完成收费工作。高速公路收费网络既可以建立在高速公路专用网,又可以建立在国际互联网上,高速公路收费系统必须通过网络与公安、银行、税务等其他部门进行通信。当今的计算机网络也向着综合化、智能化、宽带化的方向发展。国家基础通信设施的不断扩容,使得可用网络带宽增加。在未来的收费站(如中心、分中心)计算机系统之间,可以采用更加高速的广域连接,实现更大量、更高速的数据和多媒体信息的传输。

6.路径识别技术

在我国各省市高速公路发展初期,基本是采用各路独立收费的方式。近年来随着高速公路的逐渐联网,为解决各路独立收费带来的弊端(如多次停车、重复建设收费站等),联网收费已成为各省市高速公路收费的发展方向。由于高速公路路网的形成,给车辆提供了许多可选择的路径,一方面有利于分散交通量,缓解交通压力;另一方面也给交通管理带来很多困难,其中最突出的是路径识别问题。因为联网出口收费的基础是车辆行驶路径、车型和费率。如果车辆行驶路径不能唯一确定,通行费就不能确定,拆账就无法进行。因此,联网收费中,路径的识别问题就显得十分重要。路径识别有很多方法,概括起来可分为概率识别和精确识别两大类。

(1)概率识别

车辆路径的概率识别是以交通均衡或非均衡理论为基础,建立各种理论模型和算法,分析计算特定高速公路网络的通行车辆交通分布与分配,从而确定路网中整体出行交通的行驶路径或单车的可能行驶路径。通过概率计算,可以确定路网中车辆整体行驶路径的分布,因此,当联网收费的拆分模式是由结算中心统一拆分时,就可以根据路网中车辆整体行驶路径的分布,按其一时间间隔拆分多路径的通行费;当联网收费是在车道完成时,也可以按车辆行驶不同路径的概率拆分分配通行费到各路径路段业主,解决多路径识别问题。

（2）精确识别

精确识别是识别出路网中每一车辆的实际行驶路径,避免路网中出现行驶路径的歧义,从而解决路网中多路径问题。

精确识别的主要方法是标识法。该方法是在高速公路网中行驶车辆会产生二义性路段中设置标识站,车辆在通过该路段时在通行券上记录标识站的代码信息,车辆经过不同的路径其标识的代码不同,以此来确定车辆实际行驶路径,准确地判断车辆在路网中的行驶路径。标识站设置有两个方案:一是不停车收费车道式标识站,该方式通过发射无线电波(红外、激光)将标识站信息记录在经过此标识站车辆的通行券上,车辆无需停车,但车辆上必须安装无线接收器;二是普通收费车道式标识站,该方式是在高速公路上设置几条带收费岛的车道,车道上安装非接触式IC卡(通行券)读写设备,驾驶员将IC卡在读写天线的规定距离内划过,自动栏杆开启、车辆通行,卡内记录该标识站信息。标识站还要设置摄像机、雾灯等安全设施。

7. 电子标签

电子标签是一种安装在车辆上的无线通信设备,可允许车辆在高速公路行驶状态下电子标签与路侧的读写设备进行双向通信。电子标签有装微处理器芯片和接收与发射天线,在高速行驶中(250km/h)与相距 8～15m 远的读写器进行微波或红外线通信,读写器通过天线向电子标签发射信号激活电子标签开始进行通信,电子标签反馈回与具体车辆对应的独一无二的 ID 号码,用于系统(ETC)对车辆进行身份识别。

电子标签支持的是电子收费系统(不停车收费系统 ETC),可分为只读型电子标签、读写型电子标签、带 IC 卡接口的读写型电子标签(也称为两片式电子标签)等三种不同形式。只读型电子标签透明度低,一般适用于开放式收费;读写型电子标签具有较好的透明度,适用于封闭式收费;两片式电子标签一般还带液晶显示屏,可以显示通信费和存款余额等信息,是目前功能最全、最先进的电子标签。

8. 专用短程通信协议（DSRC）

专用短程通信协议(Dedicated Short Range Communications,简写 DSRC)是 ITS 的基础,是一种无线通信系统,它通过信息的双向传输将车辆和道路有机地连接起来。目前,国际上几大标准化组织都开展了制定 DSRC 标准的工作。以美国 ASTM/IEEE、日本的 ISO/TC204 和欧洲 CEN/TC278 标准体系为代表,但基于 5.8GHz 的 DSRC 是国际统一标准即将成为必然。

目前,DSRC 技术比较成熟的两个应用是 AVI 和 ETC。在 AVI 应用中的 DSRC 设备属于射频电子标签(RFID),其主要应用自动识别场合。DSRC 技术的特点有:

(1)通信距离一般在数十米(10～30m)。

(2)工作频段:ISM5.8GHz、915MHz、2.45GHz。

(3)通信速率:500kbps/250kbps,能承载大宽带的车载应用信息。

(4)完善的加密通信机制:支持 3DES、RSA 算法;高安全性数据传输机制,支持双向认证及加/解密。

(5)应用领域宽广:不停车收费、出入控制、车队管理、车辆识别、信息服务等。

（6）具备统一的国家标准，各种产品之间的互换性、兼容性强。

（7）具备丰富的技术支持，产品多样化、专业化。

八、高速公路联网收费

随着交通量的不断增加，交通联网规模的不断增大，新技术的不断发展以及收费口服务水平的提高，人工收费模式所暴露出来的各种弊端，已经严重地制约了我国高速公路和社会经济的发展，必将被淘汰。采用先进的计算机技术和IC卡技术的自动化收费方式将高速公路各路段的收费行为、联网收费系统正成为目前高速公路收费系统的主流。

1. 高速公路联网收费系统优势

（1）实行联网收费的各收费单位，其收费系统的技术标准必须统一，在系统实施时应按照"统一规划、一次设计、分期实施、逐步联网"的指导思想进行，其收费管理模式上，收费流程中必须统一联网收费模式。

（2）实行联网收费可以大大减少收费站数量和收费人员的编制，节省收费站建设投资和运营费用开支。

（3）实行联网收费，有利于实现收费管理现代化，提供工作效率和管理水平。

（4）实行联网收费，可以减少行驶车辆停车交费次数，大大提高路网的通行能力，保证道路畅通。

（5）实行联网收费，对网络范围内的各高速公路路段的收费行为进行监控和对收费信息进行集中处理，可以有效地减少收费漏洞，防止收费过程中作弊行为。

（6）实行联网收费，为发展和最终实现高速公路"一体化"管理打下良好的基础。

因此，计算机联网收费管理作为现代化的管理手段可大大提高高速公路的经营管理水平，完善经营管理机制，提供有效的辅助决策功能，对提高高速公路的积极效益和社会效益发挥重要的作用。这种收费模式正逐渐成为我国现今和今后大力发展的主流。

2. 高速公路联网收费系统规划

（1）收费制式

收费制式对于收费高速公路的建设标准、规模、投资水平以及运营管理都有较大影响，因此在规划、设计阶段就应根据路网和地区特点对收费制式进行合理选择与确定。高速公路联网收费系统一般采用封闭式。

（2）通行券（卡）选择

联网收费系统中应采用相同类型和数据格式的通行券（卡）。一般条件下宜选择多次重复使用的非接触式IC卡，一次性使用的纸质磁性卷或一次性使用的纸质M维条形码券。

（3）付款方式

付款方式以现金为主，预付卡的发行应具备通用性。

（4）车型分类与识别

为了最大限度地吸引交通量以收取尽可能多的通行费和提高收费效率，必须对车辆类型进行合理分类。鉴于我国的车型构成比较复杂，而适用的自动判别车型技术尚未达到实用阶段，所以目前所制定的分类标准主要是采用人工判别的方法。

（5）收费标准的制定

联网收费区域内车辆通行费的收费标准由各项目（路段）收费单位按照《中华人民共和

国公路法》第63条的规定提出各自项目(路段)的收费标准,报省(自治区、直辖市)级交通主管部门会同同级物价行政主管部门审查批准。收费结算中心根据批准的收费标准,统一制定费率表。

(6)收费站的布设原则

①除国道主干线(高速公路)的起讫点外,原则上只能在各省(自治区、直辖市)交界附近设置主线收费站。

②当高速公路封闭式收费站与其连接线的开放式收费站的间距小于国务院交通主管部门规定的标准时,应采用合建收费站。

③两个联网收费区域中的两条高速公路相交处需要设置互通立交匝道收费站时,在满足互通立交使用功能的前提下,宜采用双喇叭互通立交形式,在匝道上设置合建收费站。

④在两省交界处附近选择合适位置合建一个主线收费广场,各自管理出口一侧的半边收费车道。每个收费亭内需安装入口和出口的两套车道收费设备,由一个收费员操作,在完成自己收费的同时还要代对方发通行券。如果两省车型分类差别较大,一个收费员难以完成两项任务时,也可以在一个收费亭内安排双方收费员分别完成入口和出口的收费操作。

3. 联网收费系统的组成和功能

根据不同的高速公路收费管理体制和联网收费范围的大小,高速公路应首先实现省(自治区、直辖市)内联网收费,逐步实现省(自治区、直辖市)际间的联网,为将来全国联网收费电子货币化做好基础工作。收费系统总体构成如下:

(1)省内区域联网收费

由于现有收费系统改造、路网布局和管理体制等因素的影响,暂时不能实现全省(自治区、直辖市)联网收费的,可先期实施省内区域联网收费,并逐渐向省域联网收费过渡。

由于受各种条件的限制,目前暂时不能实现全省(自治区、直辖市)高速公路联网收费的,则应根据区域路网收费设施的特点,首先实现人工半自动收费(现金付款)的区域联网收费,并逐渐向省域联网收费过渡。即使是先期实施区域联网收费的,将来根据条件也应实施预付卡和电子不停车收费的联网收费。

(2)省域联网收费

省(自治区、直辖市)内全部(或大部分)高速公路联网收费,仅在省界处建主线收费站。各省(自治区、直辖市)交通主管部门组织修建或者由不同公路经营企业投资建设或经营的收费高速公路应当实行"统一收费、按比例分成"的管理方式。对现有收费设施应根据联网收费的技术要求逐步进行改造。

(3)省际联网收费

有条件的地方可以实行省际联网收费。省际联网收费系统总体框架结构是由省际联网收费结算中心、省(自治区、直辖市)收费总中心、区域收费中心和收费站四级组成。

联网收费中各收费中心、分中心、收费站和收费车道的结构和主要功能基本上与路段中的相同,在后面的章节中将详细介绍。

九、高速公路计重收费

1. 计重收费系统概述

随着国民经济的发展,我国高速公路已初具规模,为了避免和减少超限车辆对高速公路路面和桥梁结构的破坏，2003年3月，交通部颁布了《超限运输车辆行驶公路管理规定》。在文件中规定对通过的超限车辆进行必要的执法处理，有效地保证桥梁和路面的使用寿命。2005年12月，交通部又颁布了《交通部关于计重收费指导意见修改稿》，对计重收费的指导思想和具体实施细则作了明确的规定。

计重收费是一种建立在联网收费基础上，采用更新的收费设备和技术的一种科学的计重收费方式。计重收费系统是利用设置在收费车道入口处的称重系统，得到通过的车辆的重量等信息，再由收费计算机根据相应费率对通过的货车实行计重收费。

2. 计重收费系统建设目标

根据要求，在收费车道安装低速高精度称重系统，对所有过往车辆进行称重，配合已有的收费系统，对过往车辆进行计重收费，同时根据《超限运输车辆行驶公路管理规定》的要求进行超限检测，对超限车辆进行加重收费的处罚，可有效控制超重车辆对公路路面的破坏。计重收费系统建设目标有以下几个方面：

（1）根据车辆载重进行收费，尽量做到收费公平合理。
（2）根据交通运输部的相关规定以及补充条款控制超限运输。
（3）杜绝少收、漏收和营私舞弊行为，保证公路运营取得最大的经济效益和社会效益。
（4）建设出入口的收费手续，提高收费的工作效率，最大限度地降低由于收费过程引起的交通延误，提供公路的通行能力。
（5）与交通检测系统配合，提供交通流量数据。
（6）对收费金额、票据、车型与重量等信息进行完整、标准的统计，并能帮助进行财务分析和预测实现智能化的财务管理。
（7）为智能运输系统的实现留有一定接口。

3. 计重收费标准

交通运输部规定各省、市、自治区计重收费标准确定的原则方法和要求，并确定了根据车货总重确定通行费收入的基本公式。目前，全国普遍的计重收费标准如表2-4所示。

计重收费标准　　　　　　　　　　　　　　表2-4

项　目		收费计重标准
基本费率		0.08元/(t·km)
正常装载部分	10t	0.08元/(t·km)
	10t < 与 ≤40t	0.08元/(t·km)线性递减到0.04元/(t·km)
	>40t	0.04元/(t·km)
超限装载部分	≤30%	超限部分按照基本费率计算
	30% < 与 ≤100%	超限0~30%的不但按照基本费率计算，其他部分按基本费率的3倍线性递减到6倍计算
	>100%	超限0~30%的不但按照基本费率计算，其他部分按基本费率的6倍计算

4. 计重收费系统组成和功能

收费车道是车辆进行发卡、缴费的专用车道，不同于一般的通行道路，因而有着其特殊性，车辆排队、高速通过、紧急制动、加速、减速等现象极为普遍。动态称重系统的构成和工作流程是确保系统设计成功的关键。计重收费管理系统由2块动态弯板式传感器、1个线圈、1套红外线车辆分离器、1个轮胎识别器和1个中心处理器构成。

(1)动态弯板传感器:主要完成车轴的称重、速度检测、轴型判断。

(2)红外线车辆分离器:用来进行车辆的分离及提供开始、结束等信号。

(3)线圈:主要用来完成测速、倒车的检测,并与红外线分离器一起对非车辆以外的物体或人通过时的判断,减少出错。

(4)轮胎识别器:主要用来检测通过车辆每轴的轮胎数。

(5)中心处理器用来处理来自于各传感器的信号、计算数据,把相关数据通过通信方式送给收费计算机。

(6)数据分析软件包:为称重系统配套使用,可按用户要求实现数据分析、统计查询和打印报表等功能。

 实训任务

请描述高速公路收费系统中先进技术的具体应用领域,见表2-5。

多种技术在高速公路收费系统中应用分析　　　　　　表2-5

技　术	高速公路收费系统中具体应用领域
车辆检测技术	
车辆识别技术	
车型分类技术	
网络技术	
逃费抓拍系统技术	
电子标签	

任务二　高速公路收费系统运行

高速公路收费系统是涉及计算机技术、通信技术、电子技术、交通工程学、交通经济学、管理学等多个学科的边缘科学,属于交通工程学的一个新分支。计算机系统的软件和硬件技术是高速公路收费系统的基础部分,硬件部分主要包括收费系统设备、收费监控、紧急报警和有线对讲、交通监控等设施。

 思考

高速公路收费系统由几个部分组成?如何描绘高速公路收费系统基本结构示意图?高速公路收费系统中收费车道有什么功能?收费车道外部设备包括哪些?收费站硬件设备有哪些?有什么功能?收费车道软件运行过程和业务流程如何?

一、高速公路收费系统的基本构成

高速公路收费系统由收费硬件系统和收费软件系统两大部分组成。按路段由收费车道、收费站、收费分中心、收费总中心等四层结构组成,如图2-2所示。

1. 收费总中心

收费总中心负责全线各分中心和收费站的统一管理,定时接收各收费站发送来的数据,并进行处理、统计,打印各类统计报表。

2. 收费分中心

在收费站数量多而且地理位置分散时,通过分中心进行管理,与总中心协调工作。

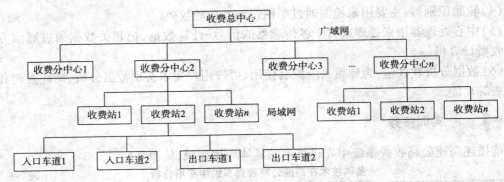

图 2-2 高速公路收费系统结构示意图

3. 收费站

收费站是能够实时监控该收费站各车道车辆出入情况,打印各种统计报表,核对金额,并负责当天收费数据的处理,同时也定时向上级管理处发送当天的有关数据。各收费站是相对独立的,收费站之间无频繁的数据交换,因此,在每个收费站建立一个独立的局域网络系统。

4. 收费车道

收费车道是收费系统中的终端,是各收费站进出口车道的收费管理。主要是由收费员在各车道进行车辆的进出口收费操作,驾驶员用现金或电子货币交费。一次操作结束后,将处理的数据实时地保存到收费站服务器,可以说高速收费过程中最原始数据来自于高速公路收费车道。

二、高速公路收费系统硬件组成与功能

高速公路收费硬件系统包括收费车道系统设备、收费站硬件设备、收费监控系统设备和收费中心硬件设备。

1. 收费车道系统硬件组成

收费站车道系统设备由亭内设备和亭外设备组成,如图 2-3 所示。

(1) 收费车道亭内设备

收费车道亭内设备有票据打印机、收费员键盘、显示屏、拾音器、车道控制器(工控机、接线端子、输入/输出板、数字叠加板、车辆检测器、脚踏报警器)、亭内摄像机、亭内对讲机(对讲机分机)、IC 卡读卡器等。

(2) 收费车道亭外设备

收费车道亭外设备由自动栏杆、手动栏杆、语音报价器、交通通行灯、雾灯、雨棚信号灯、车道线圈(抓拍线圈、过车线圈)、报警灯、车道摄像机等设备组成。

2. 收费车道系统功能

收费车道是收费系统的基础设施单元,主要包括征收路费和采集实时数据两大功能。

车道计算机承担了每天出入高速公路车辆的流量记录、通行费计算、数据统计等营运任务，还要记录本车道工作人员上下班情况、车道开通状况、设备状态等原始数据。其主要功能包括：

(1) 按车道操作流程正确工作，并将收费处理数据实时上传收费站计算机系统。
(2) 接收收费站下传的系统运行参数(同步时钟、费率表、黑名单和系统设置参数等)。
(3) 对车道设备的管理与控制，具有设备状态自检功能。
(4) 可保存一个时间段的收费数据，可降级使用，但不丢失数据。
(5) 通信中断时，具有后备独立工作能力。
(6) 为车辆提供控制信息等。
(7) 将各种违章报警信号实时传送到收费站控制室。

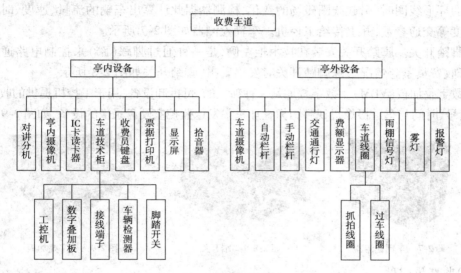

图 2-3　车道设备组成

3. 收费车道系统设备认识

(1) 车道技术柜

车道技术柜安装在收费亭收费员操作台下面，由工控机、车道控制器、接线端子、继电器版、车辆检测器、脚踏开关、字符叠加板等组成。

① 工控机。工控机由中心处理单元、扩展接口板、电源和机箱等组成，如图 2-4 所示。由于现场的工作环境较差，中心处理单元必须采用工业级计算机。车道工控机除配备 CPU、内存以及硬盘外，还需要配备各种接口扩展板。车道工控机是收费车道的核心，其主要功能包括：

a. 收集车道信息，并上传收费站服务器。
b. 把各种控制信号发给车道控制器输入/输出板。
c. 通过外接的收费员终端(键盘和显示器)，以人机对话方式完成收费的全过程。
d. 可保存一个时间段的信息，可降级使用，但不会丢失数据。
e. 具有设备状态自检功能。

② 车道控制器。车道控制器主要控制所有的外设，工控机通过与车道控制器的通信实现外设控制和外设状态检测，如图 2-5 所示。目前，流行式车道控制器和车道工控机固化在一起。

③接线端子。接线端子是技术柜电源提供的 AC/DC 相连,主要为其他车道设备提供电源 DC 12V、24V、5V 和 AC 220V,常用接线端子如图 2-6 所示。

图 2-4　嵌入式工控机　　　　图 2-5　车道控制器　　　　图 2-6　接线端子

④车辆检测器(环形线圈检测器)。车辆检测器是传统的交通检测器,车辆通过埋设在路面下的环形线圈时,引起线圈磁场的变化,检测器据此计算出车辆的流量、速度、时间占有率和长度等交通参数,并上传给工控机。车辆检测器如图 2-7 所示。

⑤脚踏开关。脚踏开关安装在技术柜左侧,是一种通过脚踩(踏)来控制电路通断的开关,用于收费员紧急情况下踩脚踏开关时发出警报,脚踏开关如图 2-8 所示。

⑥数字叠加板(VDM)。数字叠加是一种独立的、可拆卸设备,用于工控机提供的收费员工号、车道号、时间与车道摄像机视频图像叠加采集发送监控室硬盘录像的设备,如图 2-9 所示。

图 2-7　车辆检测器　　　　图 2-8　脚踏开关　　　　图 2-9　数字叠加板

(2)收费员键盘

收费员键盘用于收费业务操作,是一个独立的、可拆卸的专用键盘,它通过标准接口与车道工控机相连。键盘的设计应满足防尘、防水、防腐的要求,可以适应比较恶劣的操作环境。收费员键盘如图 2-10 所示。

(3)票据打印机(票打)

票据打印(票打)用于打印通行券,是一个独立的、可拆卸的专用票打机,它不需要安装墨盒,如图 2-11 所示。通过热敏打印热敏票据的设备。它通过标准接口与车道工控机相连。票打有两根线,分别为 24V 电源线和数据线。

(4)显示器

显示器是车道收费系统的显示设备,是通过数据线与车道工控机相连,用于显示车道软件的计算机显示屏,收费员可根据显示的内容进入操作。

(5)拾音器(车内监听器)

拾音器通过电话线与监控室硬盘录像相连,是用来采集收费亭内现场声音的一个配件,一种靠接收声音振动,将声音放大的电声学仪器,拾音器如图 2-12 所示。

(6)对讲分机

对讲分机(车道对讲机)是通过电话线与监控室对讲主机相连,主要用于车道和监控室之间进行联络的一个通信设备。

图 2-10　收费员键盘　　　图 2-11　票据打印机　　　图 2-12　拾音器

(7) IC 卡读卡机

IC 卡读卡机是在封闭式高速公路入口发卡出口刷卡收费的一个独立的、可拆卸设备,如图 2-13 所示。它通过标准接口与车道工控机相连,主要用于读写收费过程的相关数据信息。读卡机分为接触式 IC 卡读卡机和非接触式 IC 卡读卡机两种。非接触式 IC 卡读卡机还有天线,IC 卡和天线之间距离为 0~100mm。

(8) 亭内摄像机

亭内摄像机是通过同轴电缆与监控室硬盘录像相连,收费图像上传监控室,用于监视收费员的收费情况。常用的亭内摄像机如图 2-14 所示。

图 2-13　IC 卡读卡机　　　　图 2-14　亭内摄像机

(9) 车道线圈(环形线圈)

车道线圈是电感元件与电子单元构成一个协调系统,一般安置切割在路面的槽里,宽度为 6~8mm,深度为 7cm。当车辆通过或停在环形线圈上时,改变线圈的电感量,激发电子电路产生一个输出,从而检测到通过或停在线圈上的车辆。线圈分为抓拍线圈和过车线圈两种。

(10) 车道摄像机

车道摄像机由摄像机镜头和防护罩组成,它既利用图像数据叠加器(VDM)将视频图像与收费作业过程数据信息叠加在一起,并实时传送至收费站监控室,采用矩阵控制器、多画面分割器、彩色监视器及长延时录像机等设备进行灵活的切换和输出纪录,实现对收费作业过程监督和管理。常见的车道摄像机如图 2-15 所示。

(11) 自动栏杆

自动栏杆是直接受车道控制机控制而自动起落的车道设施,一般安装在收费岛的尾部,用以防止各类违章车辆非法通行。自动栏杆主要由电动机、栏杆臂和反光柱等组成,栏杆臂表面有红、白相间的高强度反光材料,如图 2-16 所示。

(12) 手动栏杆

在每条收费车道的岛头附近安装一根悬臂式手动栏杆。手动栏杆的悬臂杆贴有黑黄相间的反光膜(黑色不反光,黄色反光)和悬挂"禁止驶入"标志,标志直径为 450mm,如图 2-17 所示。当手动栏杆处于"关闭"状态时,应对违章闯入的车辆构成物理障碍。手动栏杆的悬臂长度能够覆盖整个收费车道宽度。

图 2-15　车道摄像机　　　图 2-16　自动栏杆　　　图 2-17　手动栏杆

(13)车道通行信号灯(交通通行信号灯)

车道通行信号灯将受车道控制器控制,一般安装在收费亭侧后方,由红色和绿色的一组信号灯(或"↓"和"×"图案)组成,与自动栏杆一起控制车辆的通行,其安装角度能使停在收费亭前的驾驶员能清晰可见。车道通行信号灯如图 2-18 所示。

(14)费额显示器

费额显示器用于显示正在通行车辆的车型和应收金额,供驾驶员参考,费额显示器安装在出口车道收费亭侧面,费额显示器中心部位距路面高度约 1200mm,其安装位置使驾驶员在各种照明和自然环境条件下能清晰地看见所显示内容。目前,较常见的收费车道费额显示器如图 2-19 所示。

图 2-18　车道通行信号灯　　　图 2-19　费额显示器

(15)雨棚信号灯(顶棚信号灯)

雨棚信号灯安装在收费车道顶棚,每条车道的入端上方,指示车道的使用状态,方便车辆选择通行车道,提高通信效率。雨棚信号灯由红色和绿色的一组信号灯组成,用于指示车道的开放和关闭,如图 2-20 所示。红色"×"表示该车道关闭,停止收费操作;绿色"↓"表示该车道开放,驾驶员可以驶入交费。雨棚信号灯为 24h 全天候工作,要求信号亮度高,标识符简洁清晰,可视距离达 100m 以上。目前,天棚信号标志器件由 LED 组成,发光强度为超高亮度,在各种环境条件,其信号将保证视力为 0.8 以上的驾驶员在 200m 以外可清晰分辨。

(16)雾灯

雾灯用于在雨天、雾天、冰雪天气和夜晚,向驾驶员作出提示,提醒驾驶员减速慢行,雾灯安装于收费岛岛头或沿高速公路雾区段两侧在防护栏外设置,雾灯如图 2-21 所示。

(17)报警灯

车道报警灯在收费站车道发生意外情况时用于报警,在每一入口/出口车道安装一套黄色闪光报警装置。该装置由黄色闪光灯和报警器组成,受收费车道控制器的控制。当有"违章"、"逃费"车辆通过时,报警信息驱动本车道的黄色闪光报警装置发出声光报警,报警器的声响与闪光能分别控制。车道控制器产生警报信息上传至收费站计算机,收费站计算机发出"蜂鸣"报警器。如图 2-22 所示。

(18)自动车牌识别系统

在每一入口/出口车道配备一套车牌识别系统。通过串口连接至车道控制器。在入口处,车道控制器将通过车辆的收费站、车道、时间、车型、车种、车牌号灯信息写入到通行券中。自动车牌识别系统由触发设备、抓拍设备和识别处理设备三部分组成。

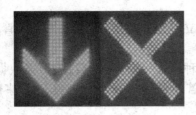
图 2-20　雨棚信号灯

图 2-21　雾灯

图 2-22　报警灯

（19）通行券读写器

每一入口/出口车道收费亭内配备一台通行券读写器,用于读写通行券,以及收费员或维修人员身份卡的识别。

实训任务

表 2-6 为典型的收费车道设备,请根据亭内外使用情况进行分类连线。

车道收费设备类别分析　　　　　　　　　　　　　　　表 2-6

设　备	关　系	类　别
工控机		
收费额显示器		
收费员键盘		亭内设备
天棚（雨棚）灯		
脚踏开关		
自动栏杆		
票据打印机		
交通信号灯		亭外设备
车道摄像机		
字符叠加器		

4. 收费站硬件设备与功能

收费站硬件主要是指收费计算机系统及其他外部设备,包括服务器、管理计算机、多媒体计算机、打印机、网络设备及其他附属设备。

（1）服务器

收费站服务器是收费站所有计算机中配置最高的,它不但要存储收费站所有的收费数据、交通量数据、班次管理数据和图像,还负责收费站局域网的网络管理,因此要求专用的服务器。收费站服务器功能主要包括：

①数据管理。实时接收车道的数据和图像等原始收费数据,并在数据库归类保存、数据定期自动备份、记录收费员排班表、出错次数超出规定的收费员名单统计、记录设备运作情况、故障报警,提示报警和记录站、车道设备的故障等。

②系统管理。发布(转发收费上级管理单位)系统指令、时钟(根据收费上级管理单位发布的时钟,发布日期和时间)、收费费率(接受并公布上级管理单位下达的费率表)、口令(设置存储收费站站各级身份口令)等。

③数据通信。收费站根据需要设置分界点,独立打包并加密处理,发往上级管理单位;定时或按指令接收中心数据,包括时钟、费率标准等。

④业务统计数据库。为业务统计数据,包括各种报表、统计分析数据、财务数据等。提供业务管理的相关数据包括人员操作记录表、设备管理表、备件配备管理表、报警事件表等。

(2)多媒体计算机

收费站要完成对车道数据和图像的管理,通常需要配备图像监控计算机,也称多媒体计算机。多媒体计算机在存储空间的配置方面,应考虑图像存储占用大量的存储空间这一特点,在接收车道控制计算机发来的图像捕获请求时,通常以串口为主接口,以网络为辅助接口,在检测到报警信息时,还要实时打印相关信息并存储,所以应注意预留所需接口。多媒体计算机的主要功能包括:

①车道监视功能。收费站车道需要实时监控,多媒体计算机可以直接从收费站服务器调出各车道最后一辆车处理信息(如车型、应交通行费、处理时间、特殊处理类型、收费员操作错误等),并显示出来,同时显示每一个车道状态(如打开、关闭、故障、维修)及正在操作的收费员或维修人员姓名。

②图像管理功能。主要用于抓拍车道视频图像。软件能快速响应车道收费机通过网络发送的抓拍请求,通过R232控制视频切换系统获得目的车道的视频图像并进行抓拍,并将图像以JPG格式存储在本地硬盘中,同时将收费员代码、出入口信息及通行时刻等参数存入本地数据库中。

(3)管理计算机

管理计算机的选用主要考虑完成各种数据处理、查询、统计和报表打印功能所要求的响应时间,包括对图像数据进行进一步统计查询所需性能的要求。收费站管理计算机的主要功能包括:

①收费站管理计算机从服务器数据库中提取数据,并由此统计交通量数据报表;统计业务收入报表;统计收费站工作人员班次管理报表;统计IC卡用卡情况,记录卡调配事件;对收费票据的流通进行核查管理。

②输入收费员上缴现金;调出服务器中收费作业原始数据库,并由此产生新的财务统计数据库;统计业务收入报表;核对收费员收费金额收缴情况。

③按需求进行报表打印。

(4)打印机

收费站的打印机主要用于打印各种统计报表和抓拍的图像,一般可根据需要选用点阵、喷墨或激光打印机。

(5)网络设备

收费站网络设备包括网卡、调制解调器、交换机及路由器等。网络设备的主要技术指标包括接口、速度、端口数量等。

(6)附属设施设备

收费系统主要附属设施包括各收费综合控制台和电视墙,系统需要的光缆、电缆、配电箱,提供所有附属设备所需的电力电缆、信号电缆、系统所需的子管、线等材料及设备。

5. 收费监控系统组成与功能

收费监控系统也称为 CCTV 系统,即闭路电视监控系统。闭路电视监视系统主要由外场的出入口车道摄像机、亭内摄像机、广场摄像机、收费站录像机、视频控制矩阵、监视器、光端机、字符叠加器、视频分配器、硬盘录像机、网络存储服务器和图像管理工作站等设备组成。

闭路电视监视系统通过对摄像机及其辅助设备(如镜头、云台等)遥控,可在监控室内直观地观看被监视收费场所的一切情况,并把被监视场所的图像内容、声音内容以及叠加在图像上的收费数据等信息全部或部分地记录下来,传到收费站监控室,为以后对某些事件的处理提供了方便条件及重要依据。多媒体计算机的出现以及图像压缩技术的进步,使系统具有可方便查找记录图像和保存大量监视图像等特征。视频信息实时技术的提高,能够实现对车辆进行自动分类、车牌自动识别和异常车辆的判别等,使系统具有了智能的特点,从而使 CCTV 系统在整个收费系统中具有举足轻重的地位。收费监控系统主要功能有以下几个方面:

①实时监视各收费车道、收费广场的车况及收费亭内收费过程。

②在各收费站对本站出入口车道摄像机和收费广场摄像机所采集的图像进行录像,在路段收费中心对路段内收费站所有外场摄像机采集的图像进行存储、切换显示、随即查询以及对出入口车道摄像机的图像实现报警自动显示。

③通过收费站或路段收费中心的视频切换矩阵、控制键盘和图像管理工作站,实现对广场摄像机的遥控。

④视频丢失检测功能。

6. 收费监控系统设备认识

由于在收费车道系统设备中已介绍过车道摄像机和收费亭摄像机,在此不再介绍。

(1)收费广场摄像机

用于监视收费广场的交通运行情况,实现对整个收费广场至某条收费车道的远距离遥控监视。收费广场摄像机的图像上传到收费站及路段收费中心。

(2)云台

云台的主要功能是通过驱动步进电机带动机械结构,完成上下、左右的动作,固定在云台上面的防护罩及其内部的摄像机跟着相应的动作。

(3)室外全天候防护罩

每台摄像机装在防护罩内,使其不受外界环境的影响,保证图像的清晰度,能实现罩内温度自动调节,防护罩一般装有除霜玻璃,电动除霜。

(4)智能解码器

传送控制信号,可控制云台,可预置景物。

(5)视频光端机

用于收费车道、广场摄像机与收费站之间的视频传输。其中车道摄像机的图像可通过一对多路复用视频光端机传入收费站,每一台收费广场摄像机分别通过单路视频+数据反向控制光端机以一对一方式传输。

(6)彩色监视器

一般选用工业机彩色监视器,PAL 制式,用于显示广场、车道和收费亭内图像。

(7) 视频切换矩阵
①实现对摄像机开、关机的控制。
②通过控制键盘对云台的遥摄和俯仰摄的控制。
③通过控制键盘对镜头进行变焦、聚焦的控制。
④通过控制键盘对雨刷进行开启、停止的控制。
⑤将输入的视频信号切换输出到其他显示设备进行显示。
⑥具有字符叠加功能,可以在每幅图像中加上摄像机号码和安装地点的汉字地名,电视监视器号码,以及实时变化的年、月、日、时、分、秒。
⑦系统实行可编程的矩阵切换方式,将输入的多个摄像视频信号中的任意一个送到控制台上监视和录像机,手动切换和时序运行可交替进行。每一条时序由用户自己灵活编制、修改、存储。
⑧具有报警输出功能。
⑨具有视频丢失检测功能。
(8) 数字硬盘刻录机
①采用硬盘存储,可以反复记录和回放。回放过程中可对画面进行处理、备份、事件检索及打印。
②采用硬盘压缩、实时预览、软件解压回放方式。
③设有定时录像、事件报警单画面切换显示、视频异动报警录像、手动录像等多种录像方式和功能。
(9) 图像管理工作站
①管理路段中心局域网中所有硬盘录像机参数设定、工作状态检测及转存轮询控制等,可对网络存储服务器进行远程配置和状态检测,以及管理用户访问权限的建立和修改。
②负责图像查询和浏览,负责异常车报警图像的控制切换。
③用于轮询各收费站的动态图像和显示、编辑、查询各收费站上传的静态图像文件。
④视频丢失时,能自动记录丢失时间和对应的摄像机编号,并能报警。

7. 收费中心硬件设备与功能

收费中心硬件设备由微型服务器(或小型机服务器)、交换机、客户机(管理计算机、多媒体计算机)、路由器、打印机、数据备份设备和USP电源组成。收费中心计算机系统一般采用双绞线星型开放网络结构,选用10M/100M以太局域网技术。收费中心和收费分中心宜采用千兆以太网或快速以太网技术作为网络主干,宜选用Unix、Windows NT作为网络操作平台,采用TCP/IP网络协议,形成开放式网络架构。

收费中心功能如下:
①接收和下传联网收费系统运行参数(如费率表、黑灰名单、同步时钟、系统设置参数等)。
②收集管辖区内每一收费站上传的数据与资料。
③处理收集到的数据与资料,形成各种统计报表和屏幕显示。
④有关数据和资料上传给收费结算中心。
⑤票证的管理。
⑥联网收费系统中操作、维修人员权限的管理。
⑦数据库、系统维护、网络管理等。
⑧数据、资料的存储与备份和安全保护。

此外,收费中心和收费分中心还具有非接触卡的管理(调配、跟踪)以及抓拍图像的管理。如果在联网收费系统中使用预付卡或电子不停车收费系统,对收费中心或收费分中心系统构成而言,一般无须增加其他硬件设备。

 实训任务

在对应的位置描述典型的收费监控系统设备功能。

车道摄像机	
云台	
视频切换矩阵	
智能解码器	
数字硬盘录像	

三、高速公路收费系统软件与操作

随着我国高速公路建设速度的加快和联网收费技术的发展,高速公路收费系统已经从单纯的人工收费、半自动收费过渡到全自动电子收费(ETC)和联网收费,这其中计算机软件技术发挥了重要的作用。

1. 收费系统软件组成

收费系统软件包括系统软件和应用软件,其中系统软件由操作系统、数据库管理系统和网络管理系统组成。应用软件分为车道软件、收费站软件、收费中心软件以及高速公路营运管理系统软件。对于省级联网收费系统来说,还包括路段分中心、区域联网管理中心和省结算中心软件。

2. 收费车道软件功能

(1)登录模块

车道软件系统初始化,包括系统变量初始化、屏幕显示模块初始化、串口初始化、I/O口初始化、通信协议初始化、设备初始化以及读取设置文件。其中I/O口初始化包括初始化车辆检测器I/O口地址、费额显示器I/O地址、自动栏杆I/O口地址、通信灯I/O地址、雨棚灯I/O口地址等。通信协议初始化用于建立网络通信链路,设备初始化包括初始化车辆检测器、读写器、票据打印机、自动栏杆、车道通信灯、雨棚信号灯等。读取设置文件包括读取计算机名、车道代码表、收费站代码表、区域代码表、行驶区间时限表、通行费率表、设备代码表等。

（2）入口处理模块

入口处理模块包括入口界面显示模块和入口发卡模块。入口界面显示模块包括背景显示、日期显示、时间显示等；入口发卡模块包括输入口车型和入口数据保存模块。

（3）出口处理模块

出口处理模块包括出口界面显示模块、输入车型模块、正常出口收费模块、紧急车处理模块、无卡车处理模块、车型不符处理模块、车牌不符处理模块、车队车处理模块、坏卡车处理模块和免费车处理模块等。

（4）通信模块

通信模块包括收费原始数据、设备数据和班次数据的上传、通行费率表、行驶区间时限表、人员数据、收费站代码、车道代码、设备代码的接收、校对等。

（5）图像叠加模块

图像数据叠加是指将车道号、收费员工号、入口站、车型和收费金额叠加到摄像机图像上。

3. 收费车道作业流程

（1）入口车道

入口车道车辆进入车道后,收费员输入车型和车种→将 IC 卡放在 IC 卡读写器上→入口写卡→写卡成功,自动栏杆抬起→车辆通过→落杆线圈检测到车辆通过信息→自动栏杆落下。

（2）出口车道

车辆进入出口车道后,收费亭边的图像抓拍线圈检测"来车"信号→触发图像抓拍→收费员输入车型、车种→将 IC 卡放在 IC 卡读写器上→进行出口读卡→系统将从 IC 卡读出车道特征数据、输入口收费站编号、收费车道编号、上下方向特性、事件特征数据、写卡时间、发卡员工号、入口车型车种等,根据读出的入口信息,依据判定规则对比入口车型、车种和出口车型、车种→如果判定车牌不符,触发入口图像查询→提示出口收费员将当前车辆与入口图像进行对比,并按操作规范进行相应处理→判定车型相符,进行特殊事件判定→如超时车辆→查找收费费率表计算费率,并显示费额→现金收费（默认）→根据车种及时付费方式的不同,打印或不打印发票→自动栏杆抬起,车辆通过→落杆线圈检测到车辆通过信息→自动栏杆抬落下。

4. 收费车道软件基本功能

（1）按车道操作流程正确工作,并将收费处理数据实时上传收费站计算机系统。

（2）接收收费站下传的系统运行参数。

（3）对车道设备的管理与控制,具有设备状态自检功能；可降级使用,但不丢失数据。

（4）当通信中断时具有后备独立工作能力；为车辆通行提供控制信息；将各种违章报警信号实时传送到收费控制室。

（5）公务车的免费路段费用的自动扣除。

（6）根据卡表面号码、车牌号码进行车辆入口信息的查询,并能显示相应车辆的入口图像信息,堵住换卡车的漏洞。

5. 收费车道软件基本操作

车道软件由于实时性、稳定性、可靠性等方面的要求,必须在软件设计上采取较为严格的可靠性控制方法,最大限度地消除系统各组成部分之间的依赖性,也就是说,车道软件应该不依赖于网络以及外场设备的可靠性和稳定性,同时,应满足界面友好、操作简便,以及数据的安全性和客观公正性要求。

下面以新疆榆树沟高速公路收费站车道软件操作为例,介绍收费车道软件的全操作过程。

(1)初始化状态

车道收费机开启后,收费车道处于如下状态。

①雨棚灯信号灯为红色"×"。

②手动栏杆处于关闭状态。

③通行信号灯为红色。

④键盘除了"上班"键可操作外,其他键失效。

⑤车辆检测器处于工作状态,当有车辆通过车道时车辆检测器向车道收费机发出信号,车道收费机控制声光报警器发出报警信号,同时向收费站计算机传送车道过车信息。

⑥除车辆检测器外的设备处于停止工作的状态。

⑦自动栏杆落下。

车道软件初始化状态界面如图 2-23 所示。

(2)收费员上班操作

当收费员上岗,开始一个收费工班时,按下【上班】键,屏幕提示"请输入 6 位上班号,按【确认】键确认,或按【取消】键"。收费员登录界面如图 2-24 所示。

输入数字不足 6 位,按【确认】键后,提示"输入错误,上班再按【上班】键…"。

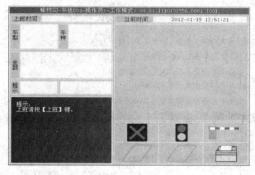

图 2-23　车道软件初始化界面

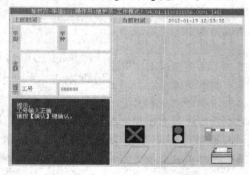

图 2-24　收费员登录初始界面

输入数字多于 6 位,显示区只显示最后输入的 6 位作为身份号。最多可输入 6 位数字,继续输入无效,键盘报警。

输入数字后,按【取消】键,已输入的数字被清除,直到数字逐个清除干净,再按【取消】键,回到上班前状态。

如果输入身份号后,按【确认】键,则提示"请输入密码,按【确认】键确认,或按【取消】键"。这时,可输入收费员的四位密码,输入完毕后按【确认】键。

输入数字不足 4 位,按【确认】键后,已经输入的数字被清除,可重新输入。

输入数字多于 4 位,最后输入的 4 位作为密码。最多可输入 16 位数字,继续输入无效,键盘报警。

输入数字后,按【取消】键,已输入的数字被清除,直到数字逐个清除干净,再按【取消】

键,回到要求输入身份号状态。

如果输入的密码不足4位,按【确认】键后,提示"输入密码位数不足,请输入6位上班号,按【确认】键确认,或按【取消】键"。

如果输入的密码正确,按【确认】键后,则该收费员成功上岗。

如果输入的工号和密码不正确,将返回到上班前的初始状态。提示"输入信息无效,上班再按【上班】键…",如图2-25所示。

这时可以重新进行上岗操作。如果3次输入的密码不正确,警铃将报警,并返回到上班前的初始状态。同时站上收费监控软件将有非法上岗的显示。以后再进行上岗操作,如果密码还是不正确,将继续报警,直到输入正确的密码为止。车道只有在收费员上岗并打开车道后,才能进行收费业务处理。

(3)车道打开操作

收费员上岗成功后,屏幕显示如图2-26所示。

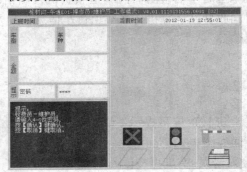

图2-25　收费员登录无效界面　　　　图2-26　收费员上岗成功界面

按【↓】打开顶棚灯,使其变绿,进入到正常收费状态,如图2-27所示。

这时,可以按数字键进行过车的处理,也可以按【X】键,关闭车道。收费员上岗后,在打开顶棚灯之前,如果按【下班】键则进入到下班操作流程。

(4)交费车处理操作

按数字键输入车型,这时屏幕提示"按【确认】键确认收费车,或按【公务】、【军车】键确认车种,按数字键更改车型"。操作界面如图2-28所示。

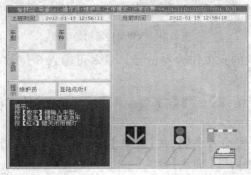

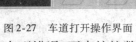

图2-27　车道打开操作界面　　　　图2-28　确认收费车型操作界面(1)

如果输入车型错误,可直接按数字键修改,按【确认】键确认为收费车,如图2-29所示。或在按【确认】键之前按【公务】、【军车】键更改车种,进入到相应的处理流程。

屏幕提示"按【确认】键抬杆放行,模拟操作按【模拟】键",并显示出收费金额。当收费员收完费后,按【确认】键抬杆放行。如果在确认抬杆之前,按【模拟】键可进行模拟操作。屏幕提示"按【确认】键抬杆放行,模拟操作按【模拟】键",并显示出收费金额。

当收费员收完费后,按【确认】键抬杆放行。如果在确认抬杆之前,按【模拟】键可进行模拟操作。车驶入捕获线圈时,屏幕显示线圈变绿,同时捕获第一张图像。栏杆抬起后,界面显示如图2-30所示。

图2-29　确认收费车型操作界面(2)　　　　图2-30　车辆在收费车道捕获线圈状态

车驶入通过线圈时,屏幕显示线圈变绿,交通灯变红,同时捕获第二张图像并将两张图像存盘。当车驶离线圈时,屏幕显示自动栏杆落下、线圈变为红色、交通灯为红色,操作界面如图2-31所示。

如果在自动栏杆抬起后,线圈出现故障,当车驶离线圈时,栏杆并未落下,这时可以按【模拟】键,并在屏幕显示如图2-32所示的界面。

 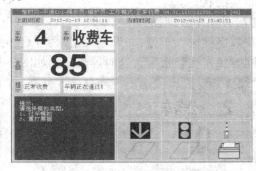

图2-31　车辆在收费车道通过线圈状态　　　　图2-32　收费车道使用【模拟键】操作界面

按数字键1,自动栏杆落下、交通灯变红。

按数字键2,重新打印票据。

当操作完一辆正常收费的车后,程序返回到待输入车型的状态。

(5)军车处理操作

按数字键输入车型,如果输入错误,可直接按数字键修改,再按【军车】键,确认为军车。同时触发视频报警。这时屏幕显示如图2-33所示界面。

输入后三位车牌号码后按【确认】键确认。

收费员按【确认】键后抬杆放行。当车驶入线圈时,屏幕显示通过线圈变红,交通灯变红。当车驶离线圈时,屏幕显示自动栏杆落下,线圈变为绿色,交通灯为红色。如图2-34所示。

如果在自动栏杆抬起后,线圈出现故障,当车驶离线圈时,栏杆并未落下,这时可以按【模拟】键,屏幕显示如图2-34所示。按数字键1使自动栏杆落下。存储图像的时间和方式与收费车相同。当操作完一辆军车后,程序返回到待输入车型的状态。

图 2-33　军车处理操作界面　　　　　　图 2-34　军车驶离线圈时的界面

(6) 公务车处理操作

按数字键输入车型,如果输入错误,可直接按数字键修改,再按【公务车】键,确认为公务车。同时触发视频报警。这时屏幕显示如图 2-35 所示操作界面。

收费员按【确认】键后抬杆放行。

当车驶入线圈时,屏幕显示通过线圈变绿,交通灯变红。当车驶离线圈时,屏幕显示自动栏杆落下,线圈变为绿色,交通灯为红色。如果在自动栏杆抬起后,线圈出现故障,当车驶离线圈时,栏杆并未落下,这时可以按【模拟】键,屏幕显示与军车相同。按数字键 1 使自动栏杆落下。存储图像的时机和方式与收费车相同。当操作完一辆公务车后,程序返回到待输入车型的状态。

(7) 月票车处理操作

按数字键输入车型,如果输入错误,可直接按数字键修改,再按【月票车】键,确认为月票车。同时触发视频报警。这时屏幕显示如图 2-36 所示操作界面。

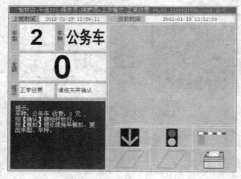 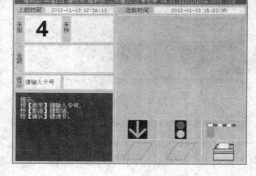

图 2-35　公务车处理操作界面　　　　　　图 2-36　月票车处理操作界面

屏幕提示输入月票卡号,输入后,按【确认】键确认。如果在输入过程中输入错误,可以按【取消】键退到该位进行修改;也可以继续输入直到屏幕输入区显示输入的月票卡号正确为止。

这时按下【确认】键,如果月票卡号有效,则进入到等待抬起栏杆的状态。如果月票卡号无效,则车类变更为收费车,按收费车处理。

如果按【取消】键或在输入数字键后按【取消】键,已输入的数字被清除,直到数字逐个清除干净,再按【取消】键。按收费车处理,操作界面如图 2-37 所示。

收费员按【确认】键后抬杆放行。

当车驶入线圈时,屏幕显示通过线圈变红,交通灯变红。当车驶离线圈时,屏幕显示自动栏杆落下,线圈变为绿色,交通灯为红色。

如果在自动栏杆抬起后,线圈出现故障,当车驶离线圈时,栏杆并未落下,这时可以按【模拟】键,进行模拟过车操作。

按数字键1使自动栏杆落下。

存储图像的时机和方式与收费车相同。

当操作完一辆月票车后,程序返回到待输入车型的状态。

(8) 优惠车辆处理操作

按数字键输入车型,如果输入错误,可直接按数字键修改,再按【优惠车】键,确认为优惠车。同时触发视频报警。这时屏幕显示如图2-38所示操作界面。

图2-37 月票车处理操作界面

图2-38 优惠车处理操作界面

屏幕提示输入优惠卡号,输入后,按【确认】键确认。如果在输入过程中有错误,可以按【取消】键退到该位进行修改;也可以继续输入直到屏幕输入区显示输入的优惠卡号正确为止。这时按下【确认】键,如果优惠卡号有效,则进入等待收取现金状态的状态。屏幕上同时显示优惠前后的收费额。如果优惠卡号无效,则车类变更为收费车,按正常收费车处理。

如果按【取消】键或在输入数字键后按【取消】键,已输入的数字被清除,直到数字逐个清除干净,再按【取消】键,按收费车处理。操作界面如图2-39所示。

收费员确认现金收讫后,按【确认】键后抬杆放行,或进行欠费处理。

当车驶入线圈时,屏幕显示通过线圈变红,交通灯变红。当车驶离线圈时,屏幕显示自动栏杆落下,线圈变为绿色,交通灯为红色。如果在自动栏杆抬起后,线圈出现故障,当车驶离线圈时,栏杆并未落下,这时可以按【模拟】键,进行模拟过车操作。按数字键1使自动栏杆落下。存储图像的时机和方式与收费车相同。当操作完一辆优惠车后,程序返回到待输入车型的状态。

(9) 拖车处理操作

屏幕提示"按【确认】键确认现金收讫,或按【欠款】键处理欠费,模拟操作按【模拟】键",此时,收费员应该按下【模拟】键,屏幕显示如图2-40所示。

收费员按数字键3后,生成一条过车消息。屏幕显示图2-41所示的界面。

输入车型、车种后,按【模拟】键,屏幕显示如图2-42所示界面。输入车型、车种后,按【确认】键,抬起栏杆放行。

当两辆车依次驶过通过线圈时,屏幕显示自动栏杆落下,线圈变为绿色,交通灯为红色。如果在自动栏杆抬起后,线圈出现故障,当车驶离线圈时,栏杆并未落下,这时可以按【模拟】

键。按数字键1,使自动栏杆落下。当操作拖车后,程序返回到待输入车型的状态。

 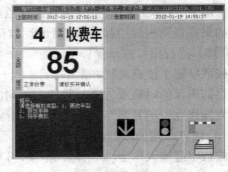

图 2-39　优惠卡无效处理操作界面　　　　图 2-40　收费员模拟操作界面

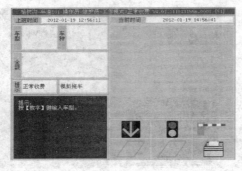 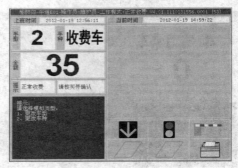

图 2-41　确认拖车模拟操作界面　　　　图 2-42　拖车通行车道操作界面

(10) 更改车型、车种处理操作

在输入车型车种后,按【确认】键抬起栏杆放行之前,按【模拟】键,屏幕提示可按数字键选择更改车型或更改车种。按下相应的数字键后,车道流程回到等待输入车型的状态。同时生成一条过车信息,记录更改车型或车种的操作。

(11) 车队处理操作

待输入车型状态,屏幕提示"请按数字键输入车型,或按【紧急车】键",这时屏幕提示"车队通过开始！请按【确认】键确认,或按【取消】键取消"。

如果按下【确认】键,这时屏幕提示"车队正在通过,按【车队】键结束…",交通灯变为绿色,自动栏杆抬起,如图 2-43 所示。

当每一辆车驶入线圈时,屏幕显示线圈变红。提示区显示通过的车辆数,如果车队通过已经结束,按下【车队】键,这时屏幕提示"车队通过结束！请按【确认】键确认,或按【取消】键…"。操作界面如图 2-44 所示。

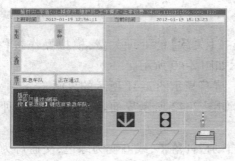 

图 2-43　车队处理操作界面　　　　图 2-44　车队驶离线圈操作界面

如果按下【确认】键,屏幕显示交通灯变红,自动栏杆落下。程序回到待输入车型的状态。若按下【取消】键,返回到车队正在通行的状态。

(12) 违章处理操作

当有车辆非法进入报警线圈时,屏幕显示如图2-45所示的操作界面。

按相应的数字键进入不同的处理流程。如果10秒钟内未确认,则默认为"闯道",进入闯道操作流程,并在屏幕显示如图2-46所示界面。

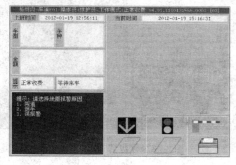 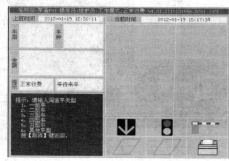

图2-45　车辆非法驶入车道操作界面　　　图2-46　闯道车辆处理操作界面

①闯道操作流程:按数字键【1】,选择"闯道",再按【确认】键进行确认。程序进入到待输入车型的状态。

②倒车操作流程:按数字键【2】,选择"倒车",再按【确认】键进行确认。程序回到违章前的状态。

③误报警操作流程:按数字键【3】,选择"误报警",再按【确认】键进行确认。程序回到违章前的状态。

如果在报警线圈触发后,又有一次触发报警线圈,这时,前一次的报警直接认为闯道,此时选择第二次线圈触发原因。

(13) 车道关闭操作

在车道使用的空闲状态,屏幕提示"请按数字键输入车型,或【车队】键",按下【X】键关闭顶棚灯。车道进入关闭状态,操作界面如图2-47所示。

车道关闭后,收费员仍能继续进行收费业务处理,直到将车道内排队的车辆处理完毕。车道关闭后,收费员按【↓】键可重新打开车道。

(14) 收费员下班操作

在车道关闭状态,收费员按【下班】键后,屏幕提示"按【确认】键确认下班,或按【取消】键取消",再按【确认】键,车道进入初始状态,完成下班操作,操作界面如图2-48所示;若收费员不想下班,在按【下班】键后,按【取消】键可返回车道关闭状态,此时收费员被认为进行的是同一班次的收费业务操作。

6. 收费站软件的组成

收费站是高速公路的基层管理机构,主要负责基层的收费管理。收费站软件系统主要包括数据通信管理子系统、参数管理子系统、报表管理子系统、数据备份与恢复子系统、发票管理子系统、数据查询子系统、收费实时监控子系统、IC卡管理子系统等。

(1) 数据通信管理子系统

收费站与收费车道的通信方式是基于TCP/IP协议的消息传递。收费站服务器把车道上的实时数据信息通过消息形式,在加密后轮询到收费站服务器,经过服务器解析后添入数据库的相应数据表中。收费站服务器将有关的一些系统表,如费率表、操作人员表,在加密后传到车道。取自车道的数据包括原始收费数据、特殊事件报警数据、特殊事件抓拍图像数据、IC卡查询数据等。需要下发到车道的数据包括时钟数据、费率表数据、黑名单、免费车数据等。

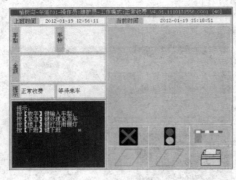 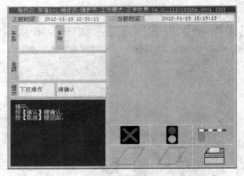

图2-47　车道关闭操作界面　　　　　图2-48　收费员下班操作界面

收费站接收来自路段收费中心的时钟数据、费率数据、IC卡数据、各类查询结果等信息,根据需要选择下发到所辖的各个车道。从所辖各车道取得原始收费数据、特殊事件报警数据、特殊事件抓拍图像数据等信息。

当网络或车道控制器工作不正常,如出现网络中断、车道控制器故障、未开机等情况时,应能自动跳过继续对下一个车道控制器进行基本业务数据的采集。当车道控制器及网络恢复正常工作时,能自动恢复对此车道控制器的采集。

当通过人工干预的方式强制对指定的车道基本业务数据进行重新采集传送时,应能对操作人员进行操作权限的认证。应能动态显示采集的工作状态及采集转发的主要数据内容。

(2) IC卡管理子系统

收费站的IC卡管理系统中,IC卡管理主要包括IC通行卡的出入库管理、通行卡的查询和统计。

①IC卡的出入库管理。收费站需要从路段收费分中心领取非接触IC卡时,在路段收费分中心进行通行卡出库刷卡操作,同时也进行了收费站通行卡的入库操作。路段收费分中心的通行卡出库也就是收费站的通行卡入库。

②IC卡的查询和统计。在收费站级的通行卡查询,只能查询到本站通行卡的库存和通行卡黑名单。站通行卡的库存是指站拥有的通行卡数量。根据查询的通行卡库存量可以决定是否需要进行通行卡的调配。通行卡的挂失、解挂、注销、还原操作需要到收费中心进行。所有公务卡都由收费中心统一管理,每个路段的所有身份卡都应由路段收费分中心统一管理。

(3) 收费实时监控子系统

用于实现对某一收费站所有工作车道的硬件设备状态、收费操作信息、工作流程进度的实时、动态监视和控制,并可以对特殊事件进行报警显示,如图2-49所示。收费实时监控子系统主要有车道信息、过车记录、车道设备检测和网络连接状态等功能。

(4) 交接班管理子系统

交接班管理是对收费站的卡、票、款的交接班进行统一管理,完成收费站日常交接班业

务登记,打印基本业务报表等。交接班基本功能有:

①身份验证。根据操作人员输入的工号和密码,校验工号和密码是否正确,确定操作人员是否有权限进入本系统及有操作或浏览某些功能模块的权限。

②上、下班领用登记。记录发卡员和收费员领用通行卡,登记发票的起始号码,并可以打印领用凭证等功能。

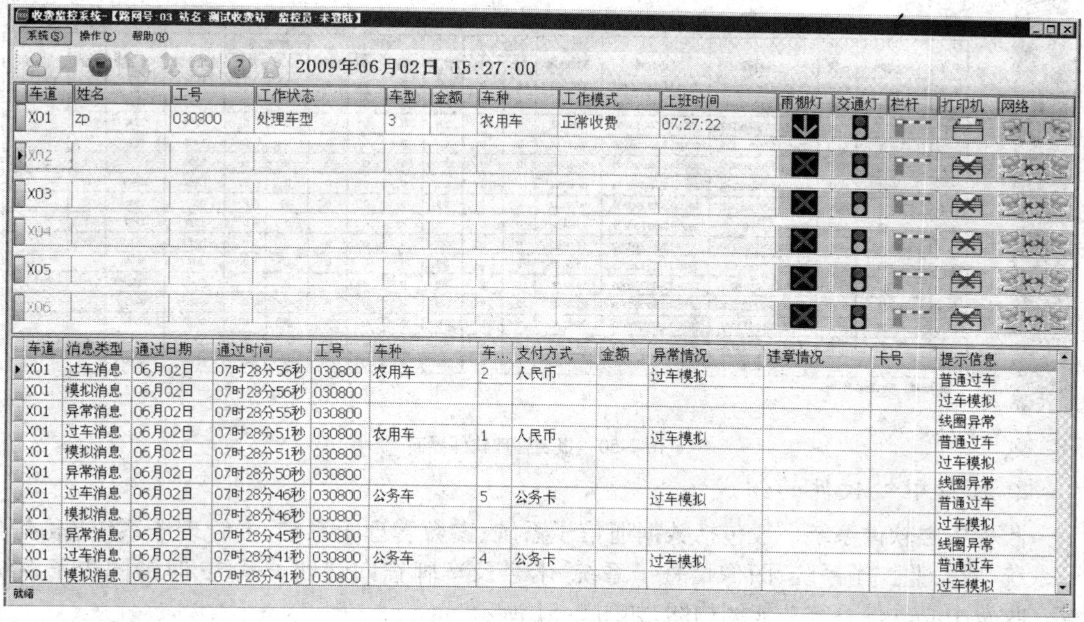

图 2-49 实时监控子系统软件界面

(5) 数据查询子系统

数据查询子系统用于实现在收费站和收费中心对 IC 卡号、车牌号和其他数据的查询,以完成对丢卡车、坏卡车等收费问题的补充。

(6) 报表管理子系统

收费站报表是收费系统的重要部分,报表格式应符合有关标准规范的规定。收费站报表一般可分为收费员管理报表、通行费收入报表、票据管理报表、特殊收费业务管理报表及交通流量统计报表等。通行费(清账)收入报表如图 2-50 所示。

7. 收费站软件的基本功能

(1) 轮询所有收费车道,实时采集收费车道每一条原始数据。

(2) 对轮询上来的每一条原始数据按照费率表中拆分原则实时拆分。

(3) 对收费车道的运行状况实施实时检测与监视,具有故障自动检测功能;并且可以记录车道操作员的操作详细信息。

(4) 向路段分中心区域收费中心传输原始收费数据、拆分数据与资料,接收区域收费中心下传的系统运行参数并下传给收费车道。

(5) 通行券、票证、IC 卡的领用管理。

(6) 收费员录入班次的收费额,值班员录入欠(罚)款和银行缴款数据。

(7) IC 卡查询,抓拍图像的管理等。

(8) 对特殊事件进行稽查,统计操作员的差错情况。

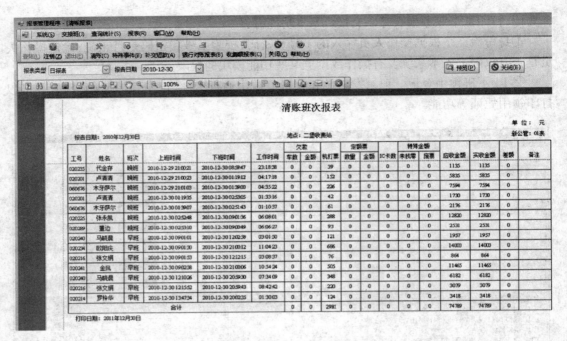

图 2-50 报表管理软件界面

8. 收费中心软件的组成

收费中心软件系统一般包括数据通信子系统、参数管理子系统、卡管理子系统、报表管理子系统、收费监控子系统、图像稽查子系统、卡号及车牌查询管理子系统、时钟同步子系统等。收费中心软件系统功能结构图，如图 2-51 所示。

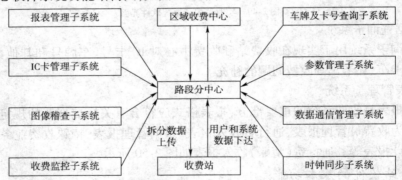

图 2-51 收费中心软件系统功能结构图

9. 收费中心软件的基本功能

（1）同步接收区域收费中心下发的联网收费系统运行参数（如费率表、黑名单、系统配置参数等），并接受本路段收费站上传的原始收费数据的同步，有关数据资料上传给区域收费中心。

（2）负责中心数据资料的存储、备份与安全保护以及本路段人员的管理操作权限设定。

（3）负责本路段的 IC 卡管理以及通行券、票据管理。

（4）汇总、统计、查询、打印本路段收费、管理、交通量等报表。

（5）本路段内稽查特殊车辆，并且可以实时将站上的稽查结论上传到路段中心。

（6）联网收费系统中操作人员、维修人员权限设置和管理。

（7）数据库、系统维护、网络管理等。

10. 收费系统的系统软件

（1）操作系统

根据不同收费方式的应用管理需求，可以选择不同的操作系统。比如收费结算中心局域网络操作系统可以采用 Unix，区域中心、路段中心和收费站选用 Windows 200X Server 等操作系统，各工作站和车道计算机选用 Windows 2000 Professional 和 Windows XP。

（2）数据库管理系统

服务器数据库应支持分布式处理，支持客户机/服务器体系结构，支持高性能的并行控制和联机事务处理，支持主要网际互联协议（如 TCP/IP，APPC 等）和局域网协议（如 TCP/IP、IPX/SPX），支持 SQL 标准，支持可变元的二进制存取及提供相应的多媒体开发工具，支持 Visual Basic、Power Builder、Delphi、Microsoft C^{++}、$C^{\#}$ 等开发工具。

服务器数据库产品可以选用 Oracle、MS-SQL、DB2、Informix、Sybase 等。例如：在收费站选用 MS-SQL Server，路段中心、区域中心和联网计算机中心选用 Oracle、MS-SQL Server、DB2 其中之一。

（3）网络管理系统

网络管理范围应从车道工控机到收费结算中心计算机网络，包括网络设备、计算机、电源、通信传输和访问控制等。

网络维护功能包括网络监控、测试、报警、供电、故障处理与修复。日常管理功能包括通过收集通信量及设备利用率等方面数据，经分析后做出相应控制，优化网络运作和提高资源利用率。

网络管理软件有 Intel 公司的 LAN Manager、Cisco 公司的 Cisco Works 以及 HP 公司的 Open View 等。高速公路网络管理软件通常采用 HP 公司 Open View。

 实训任务 1

按照收费员收费业务流程和操作步骤，请排出正确顺序。

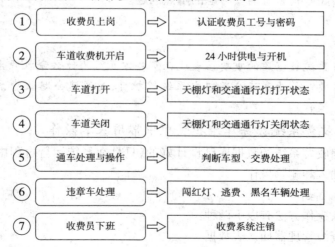

 实训任务 2

在任课老师的指导下，实训室训练完成 ETC 和 MTC 收费系统的收费业务操作过程。

任务三 高速公路收费系统维护管理

一、高速公路收费系统数据库维护与管理

1. 高速公路收费系统中数据库维护和管理的重要性

随着经济的发展,加快了高速公路的建设,而现代交通监控和收费等机电工程及客户中心,已普遍使用了工业计算机进行智能操作,从而提高了整个路网的运行效率,减少了人工误操作所带来的损失,而数以万计的收费数据则一改以往手工抄录上交的方式,而以耳机内置的形式在收费网络中快速传输并存储在网络服务群中,因此收费系统的运作质量,就取决于计算机及附属单元的运作质量。

收费数据作为高速公路收费系统中核心的部分,在网络中传输的安全性、稳定性以及整个数据存储的高可用性、可恢复性对收费系统来说是至关重要的。收费系统中的数据存储是从上到下按照严密的逻辑结构来进行的。下一级的数据在本身存储的,同时也在实时的向上传递,从而保证每一级数据的稳定性及安全性,如收费中心将向各收费分中心、收费站下传到黑名单车辆、费率表、免费车种类型表以及收费基本参数配置等信息。由于某些高速公路收费站车流量极大,每天能产生的数据记录达几十万条,根据收费工作管理和维护的要求如何对系统进行特殊查询,例如交通量、黑名单车、军车、绿色通道、银行对账单等及时做出响应,因此数据库的有效管理和维护就直接决定了整个系统的运作效率。

在整个高速公路收费系统中存在收费站收费员、监控中心工作人员、系统数据统计分析人员、数据库管理员和单位领导等具有不同权限的用户,对这些用户进行合理的权限分配是数据保护所要考虑的问题。此外,根据相关部门的规定,高速公路收费记录需要保存一年以上,操作员工作日志和黑名单记录等对日后的分析统计都有着重要的作用。因此,有效地保护数据也是高速公路收费系统需要考虑的重点问题。

 思考

高速公路收费系统数据库的重要性表现在哪些方面?为什么说收费系统中数据库的维护与管理是至关重要?作为高速公路机电系统维护员,对高速公路收费系统数据库中能完成哪些维护和管理操作?

2. 高速公路收费系统数据库维护管理中常用基本操作

由于高速公路收费系统的数据库已设计好的,只是在系统运行过程中需要进行必要的数据查询、修改、插入和删除操作。

(1) 数据表插入操作

数据表的插入操作方法有以下两种:

① 利用对象资源管理器插入表数据。

第一步:启动 SQL Server Management Studio。连接数据库引擎服务器并打开数据库对象管理器窗口。

第二步:展开 SQL Server 实例,选择"表",单击鼠标右键,然后从弹出的快捷菜单中选择"编辑前 200 行"命令。

第三步:在表窗口中,显示出当前表中数据,单击表格中最后一行,填写相应数据信息。如图 2-52 所示。

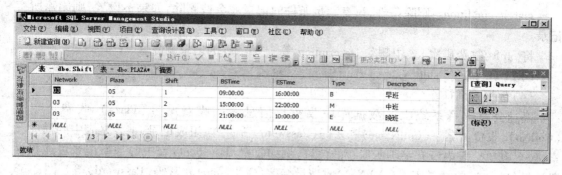

图 2-52 数据表插入操作界面

②利用 T-SQL 语句插入表数据。

INSERT INTO table_name [(column_list)]
VALUES(expression)

将 Shift(收费班次)表中插入一条记录。

INSERT INTO Shift
　　　　VALUES ('02','05','1','09:00:00','16:00:00','B','早班')

(2)数据表修改操作

①利用对象资源管理器修改表数据。

利用对象资源管理器修改表数据,与插入表数据操作类似。

②利用 T-SQL 语句修改表数据。

更改表数据的语法格式如下:

UPDATE table_name
SET column_name = expression [,…n]
[WHERE search_conditions]

参数说明如下:

expression:要更新的值。

search_conditions:更新条件,只有满足条件的记录才会被更新,如果不设置,则更新所有记录。

将 Shift(收费班次)表中 Plaza(收费站号)为 05 的改为 07。

UPDATE Shift
SET plaza = '07'
WHERE Plaza = '05'

(3)数据表删除操作

①利用对象资源管理器删除表数据。

利用对象资源管理器删除表数据,与插入表数据操作类似。

②利用 T-SQL 语句删除表数据。

使用 DELETE 语句可以从表中删除一条或多条记录,删除表数据的语法格式如下:

DELETE FROM table_name

[WHERE search_conditions]

参数说明如下：

search_conditions：删除条件，只有满足条件的记录才会被删除，如果不设置，则删除所有记录。

将 Shift（收费班次）表中删除 Description 等于"早班"的记录删除。

DELETE FROM shift where Description ='早班'

（4）数据查询操作

高速公路收费系统收费数据库中收费员信息表的收费站号（Plaza）、收费员工号（CollNo）、收费员名字（CollName）和密码（Password）等；字段组成记录，记录是表中的横向元素，包含有单个表内所有字段所保存的信息，例如收费员（collect）表中的一条记录可能包含费站号（Plaza）、收费员工号（CollNo）、收费员名字（CollName）和密码（Password）等。图 2-53 所示为【收费系统数据库（Toll）】中【收费员信息（Collect）】数据表的内容。

Network	Plaza	collno	collname	password
03	00	000000	weihu	1234
03	05	777777	辛荣	05025
03	05	000503	赵永超	05234
03	05	000504	周永丽	05178
03	05	000505	赵新生	05055
03	05	000506	吐尔斯娜依	05066
03	05	000508	艾尼卡的	05188
03	05	000510	朱松林	05215
03	05	000511	范美霞	05213
03	05	000512	宋金宏	05232
03	05	000515	王丽红	05217
03	05	000516	依帕尔古丽	05166
03	05	000518	殷战友	05219
03	05	000520	张友俊	05123
03	05	000521	罗菡仓	05198
03	05	000522	帕力旦	05032

图 2-53 收费员信息（Collect）数据表

①使用 SELECT 获取（查询）表中所有信息。

SELECT 语句可以返回表中所有的内容，并按照表中的顺序与格式进行排列，其语法格式为：

SELECT *
FROM   table_list

其中值得注意的是"*"，它表示源表中所有的信息，而 table_list 则表示查找数据信息的源表。由于它并不改变源表中的信息格式，因此使用该语句得到的查询结果可以看到源表的结构。例如，查询 Toll（收费系统）数据库中 Collect（收费员信息）表中的所有列，在数据库引擎查询窗口中输入 SELECT 语句：

USE Toll
SELECT *
FROM   Collect

执行上面命令后,可以在 SQL Server 2008 窗口中看到如图 2-54 所示的结果。

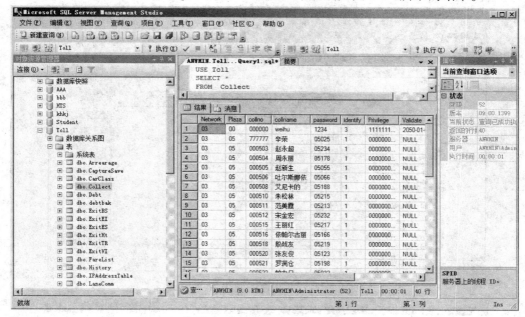

图 2-54 查询表中的所有列

② 使用 SELECT 查询表中若干列。

使用 SELECT 还可以获取表中指定的一列或者几列数据。返回结果中列的排列顺序为用户查询语句中指定的顺序,而各列中的数据顺则是源表的排列序列。使用 SELECT 获取表中若干列的语法如下所示:

SELECT column1, column2, column3
FROM table_list

上面信息中 column 表中源表中某一列,如果需要查询列数较多,各列之间应使用",",符号分隔。例如同样在 Collect(收费员信息)表中,查询 CollNo(收费员工号)、CollName(收费员姓名)和 Password(收费员密码)三列数据,可以使用下面语句:

USE Toll
SELECT CollNo, CollName, Password FROM Collect

执行完该语句后,结果如图 2-55 所示。

在获取表中某些列时,在返回结果中用户可以为这些列重命名,这种操作并不改变数据库中表的列名,只显示在返回结果中。为列重命名的语法格式为:

SELECT column1 AS Name1,
column2 AS Name2,
column3 AS Name3
FROM table_list

其中 AS Name 为重命名过程,上面格式中将 column1 命名为 Name1。例如将"CollNo"、"CollName"和"Password"三列重命名为"工号"、"姓名"和"密码",使用如下的语句:

USE Toll
SELECT CollNo AS 工号, CollName AS 姓名, Password AS 密码
FROM Collect

执行语句后,可以得到如图 2-56 所示的结果。

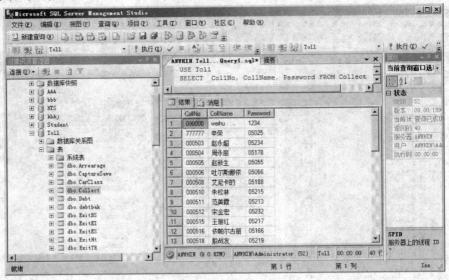

图 2-55　查询多列的结果

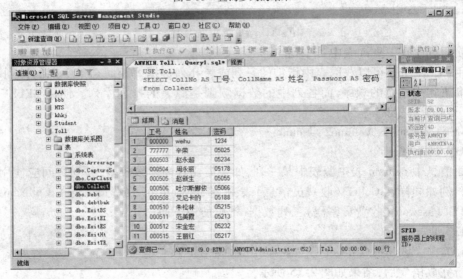

图 2-56　别名方式查结果

USE Toll
SELECT CollNo AS 工号, CollName AS 姓名, Password AS 密码
FROM Collect

③使用通配符查询。

在"Collect"(用户信息)表中查询姓为"王"的"用户工号"、"姓名""密码",可以使用下面语句:

USE Toll
SELECT CollNo, CollName, Password FROM Collect
WHERE　CollName LIKE '王%'

上面语句中使用 LIKE 与通配符%结合查询所在地区为上海的所有会员。

④等值连接查询。

等值连接就是在连接条件中使用等于号(=)比较运算符来比较连接列的列值,其查询结果中列出被连接表中的所有列,并且包括重复列。下面的语句对"plazaBank"表和"Staff"表进行了内部连接:

use toll
select plazaname,collno,person,income
from staff join plazabank　　on staff.collname = plazabank.person
ORDER BY PlazaBank.Income

上面的语句使用了 ON 子句指定连接条件,并使用了 ORDER BY 子句通过"PlazaBank"表中的 Income 进行升序排列。执行该语句,得到结果如图 2-57 所示。

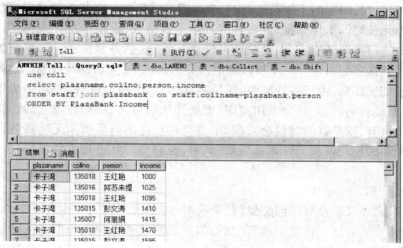

图 2-57　等值连接查询

  实训任务

在收费系统服务器上打开收费系统数据,并完成以下查询和修改操作:
(1)查询收费系统数据库收费员信息表中的工号为 2201 的收费员信息。
(2)用管理员账号登录后在用户信息表中查询姓为"张"的"用户工号"、"姓名""密码"。
(3)用管理员角色对收费班次表中收费站号 06 改为 08。
(4)用管理员角色将收费班次表中删除早班上岗的收费员所有记录。
(5)将收费金额表中第三车道收费员收费总额,并按照递减方式排序。

二、高速公路收费系统常见故障与排除

为保证收费系统的正常运行,保持系统设备的完好,及时地维护与解决故障,确保收费营运工作的正常进行。

1.高速公路机电设备维修常用方法

在高速公路机电设备出现故障时,迅速、准确的定位故障点,判断故障的类型,对于排除故障,显得至关重要。以下介绍几种常见、简单、实用的方法。

(1) 观察法

所谓观察法,就是用人的所有感觉器官去判断设备是否异常,包括眼睛看、耳朵听、鼻子闻、用手摸。就是要求在设备的维护维修中,注意观察设备的外观、形状上有无什么异常。首先是眼看,要求观察设备是否同故障发生前一致,有无出现弯曲、变形、变色、断裂、松动、磨损、冒烟、漏油、腐蚀、产生火花等情况;其次是鼻子闻,一般轻微的气味是正常的,当人不能忍受时则说明电流太大应调整或保护;再次是耳听,声音、振动音律及音色的异常;第四是用手试,当然是触摸绝缘的部分,有无发热或过热,用手去试接头有无松动;以确定设备运行状况以及发生故障的性质和程度,对故障现象的准确描述,对于迅速排除故障,少走弯路显得非常关键。这种方法在日常中也最为常用。

(2) 复位法

机电设备经过长时间的不间断运行,出现故障是难免的。有些故障情况,仅仅是由于设备内部控制单元长时间工作紊乱,或者外界环境干扰造成,设备本身并未损坏。此时,仅需要对运行设备进行重新开机、上电复位即可恢复正常,这就是复位法。最典型的例子就是:收费员经常遇到这样的事情——车道收费电脑突然死机了,无法继续收费。这是为什么呢?就是计算机长期工作后,由于各种原因(包括软件运行,环境温度升高等)造成系统不稳定,这时候,很多有经验的同志,就会采用关闭、重新开机的方法,结果故障立即排除了,又能够正常收费了。再有,就是有的时候会发现,车道栏杆在过车以后偶尔无法降杆,这往往也是自动栏杆机内部的控制模块工作紊乱导致,此时,也只要对其进行重新复位,就能够很快恢复正常。

(3) 替换法

替换法,顾名思义就是利用同类型(甚至同型号)的元器件对产生怀疑的部件进行更换的,来确定故障点的方法。在发生故障之后,如果观察法和复位法仍旧无法排除,那么可以初步确定某个工作元件发生故障,需要更换。在更换了某个部件以后,如果系统恢复正常,那么可以确定故障点就是这个元件,对症下药,很快就能排除故障。因此,替换法在平时的维护工作中,是十分有效和常用的。

(4) 对比法

对比法就是将两样相同的东西放在一起进行比较从而发现问题并排除问题的方法。在日常处理各种事物时经常使用这种方法。当你发现一个未知事件时,如何采用对比方法,关键是在寻找相同或相似的东西,要寻找的东西也可以是回忆。在高速公路机电系统维修过程中,这是一个较常用的方法,如:你与某车收费员正在讲话时电话里突然噪声很大了,你可能立即去换个车道试听一下情况是否一样,然后,你会对该设备故障下个结论。这要求要善于运用这个方法。在排除故障时,使用对比法要特别注意设备在系统使用中的参数设置,排除因参数设置不正确引起的设备故障。

上面的几种常见的故障排除方法都不是独立的,许多场合应做到综合应用几种方法才能够发现解决问题。

2. 收费站维护维修内容

(1) 日常维护与保养范围

①清洁监控室的控制台、屏幕墙、计算机等主要设备的外表面。

②清洁收费车道主要设备(车道控制器、显示器、电动栏杆、费额显示器、摄像枪等)的外表面。

③保洁票据打印机、清除打印机内的碎纸屑,定期更换打印色带,给打印机传动部分上润滑油。

④清洁电动栏杆机,费额显示器,车道摄像机的外壳卫生。注意不要用水龙头冲洗,避免设备进水。

⑤对工控机箱与外部连接的各接线端子的接触是否良好;定期清理排气风扇空气过滤网,给风扇轴承上润滑油,保证散热正常。

⑥定期检查收费系统的UPS工作情况,测试其在市电断电的情况下可维持的工作时间,确保市电断电时能正常收费。

⑦检查监控机房及车道票亭的消防设备是否完好。

(2)设备维修内容

①调试自动栏杆的平衡位置,检查栏杆机控制器、车检器工作是否正常,检查防撞橡皮,更换因碰撞挤压而产生开裂变形的防撞橡皮。

②检查UPS电源工作状态,更换老化的UPS电池。

③检查打印机工作状态,排除打印机卡纸、不打印等故障。更换打印机。

④检查费额显示器显示状态,更换缺笔或不亮的费额显示模块。

3. 车道系统的物理连接

车道系统是以设备工控机、车道控制器(外设接口盒)为核心和外围设备组成。设备之间通过不同接口类型相互连接,通过收费软件来控制外围设备,实现收费操作功能。

工控机内部安装主板、扩展串口和并口、声卡、视频捕捉卡、输入输出板卡(I/O板卡)和多串口卡(MOXA卡)。车道系统的物理连接如图2-58所示。

从车道系统物理连接图,可以看出,I/O板卡和MOXA卡连接了车道控制器(外设接口盒),来实现外围设备的控制。车道控制器还连接了计重数据采集处理器和ETC车道的路侧控制器。车道控器左侧接线端子均由I/O板卡来控制,右侧串口则由MOXA卡来控制,MOXA卡共有扩展端口8个,从COM3至COM10,为工控机提供了足够的串口数据接口。

4. 收费车道系统硬件设备常见故障处理

(1)收费显示器黑屏

检查显示器前面板的指示灯状态,如果不亮,表明显示器没有加电或显示器电源模块损坏,检查顺序依次为电源开关是否打开、电源插头是否插紧、电源插头是否有电、电源模块是否损坏;如果指示灯为黄色,表明显示器无视频信号输入,检查顺序依次为车道计算机是否工作(键盘[POWER]指示灯是否点亮;手动进行车道开/关操作,查看键盘[ON/OFF]指示灯是否切换)、显示器数据线插头是否连接正常等。

(2)键盘不响应

检查的顺序依次为车道计算机是否正常工作(操作界面上的当前时间是否正常,如果不正常转车道计算机死机处理)、键盘POWER指示灯是否点亮(如果不亮表示键盘插头未正常连接)、车道计算机面板上的KB-Lock指示灯是否点亮(如果点亮需重新按一次KB-Lock按钮)、操作界面上的当前按键栏是否响应(如果不响应说明车道程序失去焦点需重启计算机)、操作界面上是否有其他提示信息(如有其他信息依据有关软件故障处理),如果上述情况均正常说明车道软件进入死锁状态,应完整记录操作,重启计算机。

(3)IC卡读写器不能正常读写卡

检查的顺序依次为车道操作界面上是否提示"IC 卡读写器故障"(如果提示表明读写器与车道计算机通信故障,应检查通信线是否连接正常、读写器是否断电、读写器损坏)、IC 卡是否为坏卡(用其他卡片进行测试)等。

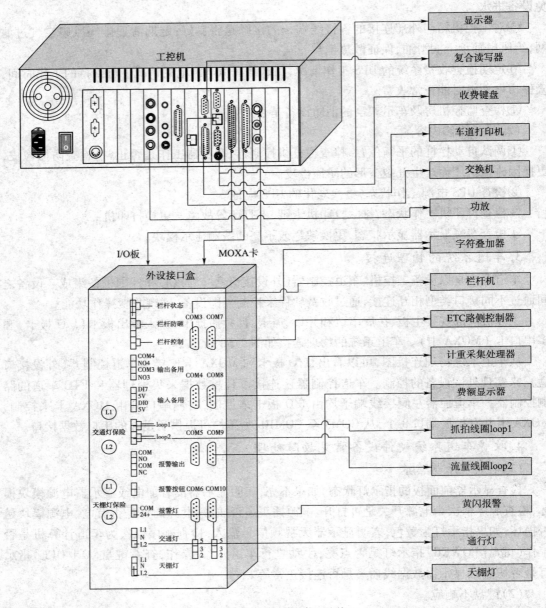

图 2-58　车道系统的物理连接

(4)票据打印机故障

①卡纸。检查票是否安装到位、票是否正常摆放、走纸机构异常堵塞。

②不打印。检查操作界面是否提示"打印机未准备好"(如果提示应检查打印电缆是否正常连接、打印机电源是否开启、打印机是否联机、打印机是否缺纸、打印机上盖是否安装到位)、打印机故障(打印头及打印头行走机构损坏)。

③打印乱码。打印电缆未紧固连接。

（5）自动栏杆机故障

自动栏杆一般具有如下故障：

①自动栏杆不落杆，应检查过车线圈是否有车（如果有车可能自动栏杆硬件防砸车功能在起作用）、栏杆机是否能够手动控制、控制线是否正常连接、PCI725卡是否损坏。

②自动栏杆不抬杆，应检查栏杆电源是否接通、栏杆是否能够手动操作、控制线是否正常连接、PCI725卡是否损坏。

③动作缓慢，正常情况下栏杆抬杆及落杆应在1.8s内完成，否则应检查栏杆是否正常安装（断电情况下栏杆能够保持抬起45°）、自动栏杆控制器是否损坏。

（6）车辆检测器故障

车辆检测器一般具有如下故障：

①不能检测过车。应检查车辆检测器是否加电、检测灵敏度是否过低、控制线是否连接正常、PCI725卡是否损坏、检测器是否损坏、线圈损坏。

②一直检测有车。应检查检测灵敏度是否过高，控制线是否连接正常、PCI725卡是否损坏、检测器是否损坏、线圈参数不符合要求。

③误检测。应检查检测灵敏度是否过高、是否有邻道干扰、控制线是否连接可靠、PCI725卡是否损坏、检测器是否损坏、线圈参数不符合要求。

（7）费额显示器故障

费额显示器一般常有如下故障：

①不显示。应检测费显电源是否正常、控制线是否连接可靠、费显损坏。

②不报价。费显喇叭是否损坏、费显语音模块损坏。

③乱码。费显LED数码管是否损坏、控制线是否连接可靠，费显损坏。

（8）VDM故障

①视频图像黑屏。应检查视频线是否连接可靠、摄像机是否正常工作、VDM是否损坏、视频采集卡损坏。

②图像无叠加信息或叠加信息不正常。应检查VDM是否断电、视频线是否连接正确、控制线是否连接正常、VDM未正确调整或损坏。

③图像干扰或扭曲。应检查是否有各种干扰信号存在。

（9）通行信号灯故障

通行信号灯一般常有如下故障：

①不能正常切换。应检查通行信号灯是否断电、控制线是否连接可靠、控制继电器是否正常工作、信号灯损坏、PCI725卡损坏。

②LED发光管损坏。更换损坏的发光管。

（10）雨棚信号灯故障

雨棚信号灯一般常有如下故障：

①不能正常切换。应检查雨棚信号灯是否断电、控制线是否连接可靠、控制继电器是否正常工作、信号灯损坏、PCI725卡损坏。

②LED发光管损坏。更换损坏的发光管。

（11）闪光报警器故障

闪光报警器一般常有如下故障：不能正常切换，应检查报警器是否断电、控制线是否连接可靠、控制继电器是否正常工作、信号灯损坏、PCI725卡损坏。

（12）车道计算机死机

如果收费操作界面上的当前时钟不走、出现蓝色带英文屏幕、显示其他杂乱图像或非其他原因造成的显示器黑屏时，可以判断为车道计算机死机。

车道计算机死机后，应首先重启计算机，如果能够重新启动并正常工作说明是由偶尔振动造成的内存松动、硬盘读写错误等原因引起的，否则应结合各种情况进行处理。造成车道计算机死机的原因主要有以下几个方面：

①内存松动或损坏。

②硬盘损坏。

③计算机过热。

④显卡松动或损坏。

⑤其他板卡松动或损坏。

（13）网络故障

主要有如下几种表现：

①所有车道计算机均提示"网断"。应检查车道与收费站的网络通信是否正常（通过维修账号进入收费站某台计算机 Ping 车道计算机），如果正常应怀疑为收费站服务器出现故障（服务器未工作、服务器 SQL Server 系统故障、服务器未联网等）；如果不正常应检查 HUB 是否正常、车道与收费站之间的网络通道是否正常（包括数字光端机，光缆等）。

②个别车道计算机提示"网断"。应检查故障车道机与 HUB 的网络通道是否正常（包括网线、网头以及网头是否插好等）、网上是否有重名重 IP 地址计算机存在、计算机网卡是否损坏。

（14）收费视频监控系统故障

①无图像输出。

a. 检查电源是否接好，电源电压是否足够。

b. BNC 接头或视频电缆是否接触不良。

c. 镜头光圈有否打开。

d. 视频或直流驱动的自动光圈镜头控制线是否接对。

②图像质量不好。

a. BNC 头是否完好，检查质量镜头是否有指纹或太脏。

b. 光圈有否调好。

c. 视频电缆接触不良。

d. 电子快门或白平衡设置有无问题。

e. 传输距离是否太远。

f. 电压是否正常。

g. 附近是否存在干扰源。

h. CS 接口是否接对。

③图像不能切换或卡死。

a. 重新登录软件平台测试，网络是否正常，检查网线及网卡等。

b. 重新启动编码器看是否解决。

（15）内部对讲机故障

①有杂音。将桌面上的 IC 卡读写器天线移至远处。

②全部无声音。依次检查对讲主机是否加电,发送和接收端对讲光端机工作是否正常(供电、状态指示灯),接线端子是否脱落,光纤跳线是否损坏,更换测试。

③个别车道无声音。依次检查对讲分机及光端机端子接线是否牢固,线缆是否通,对讲主机后部接线是否牢固,线缆是否通,更换分机测试。

5. 车道系统软件系统常见故障处理

(1) 工控机本地数据库无法打开

主要原因:本地数据数据库 SQL 服务没有启动。

在 Windows 界面下,使用 USB 鼠标,手动选择本地服务器名,手动打开 SQL 服务。

(2) 收费员操作平台无法显示车辆入口站代码

主要原因:当前界面失去焦点。

①对于失去焦点可以使用 Alt + Tab 键,对打开的窗口进行轮回切换。

②收费程序桌面快捷键无法选中打开收费软件,可以使用 Alt + Tab + 向下向左键一起按来把快捷键选中,打开收费系统或按 WIN 键来选择快捷键打开收费软件。

(3) 工控机在重启之后,无法使用 I/O 控制的设备

主要原因:收费系统在程序启动时,底层的驱动程序没有完全运行起来,而是收费主程序先运行了,导致软件无法正常驱动 I/O 板工作。

在 Windows 界面下,重新启动程序,再运行到 hsshell 界面即可。

 实训任务 1

表 2-7 所列为收费站入口和出口常见的车道设备,根据正常运行与维护指标对入口及出口的设备运行状态进行选择并判定其类别。

车道收费设备运行状态和属于类别分析　　　　　表 2-7

设备名称	对应关系	设备运行状态	类别
1. 车道工控机		a. 正常工作,接线牢固,能够正确控制车道设备	☑入口车道设备 ☑出口车道设备
2. 车道控制器		b. 正常工作,打印颜色清晰,打印信息清楚	□入口车道设备 □出口车道设备
3. 票据打印机		c. 在规定距离和角度正常读写数据	□入口车道设备 □出口车道设备
4. IC 卡读写器		d. 200m 外清晰辨识,红色和绿色切换与命令一致,信号等状态返回正确	□入口车道设备 □出口车道设备
5. 雨棚信号灯		e. 图像清晰,无抖动	□入口车道设备 □出口车道设备
6. 自动栏杆机		f. 图像和字符叠加清晰	□入口车道设备 □出口车道设备
7. 车辆检测器		g. 灵敏度适宜,相邻检测设备互不影响	□入口车道设备 □出口车道设备

续上表

设备名称	对应关系	设备运行状态	类 别
8.费额显示器		h.抬杆、落杆动作和系统发出命令一致,状态返回正确,预防砸车或防撞	☐入口车道设备 ☐出口车道设备
9.字符叠加器		i.设备清洁,能够正常运行车道收费软件	☐入口车道设备 ☐出口车道设备
10.收费键盘		j.显示收费车道信息,红绿灯切换与一致,语音报价正确,能听清楚	☐入口车道设备 ☐出口车道设备
11.显示器		k.按键灵敏、正确	☐入口车道设备 ☐出口车道设备

实训任务 2

正确描述表 2-8 所示收费站设备及软件完好率。

高速公路收费站设备完好率统计　　　　　　　　　　　表 2-8

设备名称	安装位置	完好率描述
收费站服务器	站监控室	
工作站计算机	站监控室	
UPS 系统	站配电室	
操作系统软件	站监控室	

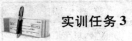

实训任务 3

在指定的位置写出入口和出口车道设备及软件的日常维护内容。

入口车道设备及软件:

1.

2.

3.

4.

出口车道设备及软件:

1.

2.

3.

4.

项目单元测试

一、选择题

1. 我国目前使用最多的一种高速公路收费方式是（　　）。
   A. 半自动收费方式　　　　　　　　　B. 全自动电子收费方式
   C. 开放式收费　　　　　　　　　　　D. 封闭式收费

2. （　　）作为高速公路机电工程的重要部分，是完成收取车辆通行费的关键设施。
   A. 通信系统　　　　B. 收费系统　　　　C. 监控系统　　　　D. 供电照明系统

3. 收费系统的设备维护和系统维护分为（　　）种级别来实现。
   A. 一　　　　　　　B. 二　　　　　　　C. 三　　　　　　　D. 四

4. 收费系统设备故障、停电以及某些特殊车辆处理器需要手工收据，手工收据收入的金额应输入计算机。各收费站应根据本站的交通量情况准备一段时间的手工收据，一般是（　　）个月。
   A. 1　　　　　　　B. 2　　　　　　　C. 3　　　　　　　D. 4

5. 收费亭内设备和车道设备的外围、表面及环境的除尘清理，一般是（　　），由收费员完成。
   A. 每日1次　　　　　　　　　　　　B. 每周1次
   C. 每月1次　　　　　　　　　　　　D. 每年1次

6. 检查接线盒内接线是否牢固，线缆外表是否破损，一般是（　　）。
   A. 每日1~2次　　　　　　　　　　　B. 每周1~2次
   C. 每月1~2次　　　　　　　　　　　D. 每年1~2次

7. 清洁磁卡机内部，调整压纸轮、皮带，清理切刀，一般是（　　）。
   A. 每周1次　　　　　　　　　　　　B. 每月1次
   C. 每季度1次　　　　　　　　　　　D. 每年1次

二、填空题

1. 我国收费道路主要有_____和_____两种收费制式。
2. 高速公路收费系统是由_____、_____、_____等构成。
3. 收费车道设备包括_____、_____、_____、专用键盘、网络交换机以及车道附属设备。
4. 在入口车道，车辆驶离收费车道后，自动栏杆放下，这时交通灯变_____。
5. 收费系统使用的通行券主要有_____和_____两种。
6. IC卡的管理主要分为_____和_____两种。
7. 收费系统中交通信号灯的常见故障有_____、_____。

三、判断题

1. 根据国家有关政策规定：新建和改建高速公路、里程大于20km的一级公路，集成营运后都可对过往车辆征收通行费。（　　）
2. 当自动栏杆发生故障或断电时，栏杆始终处于竖直状态。（　　）
3. 雨棚信号灯由收费车道控制器控制，红色"↓"表示车道开放，车辆可以驶入该车道。（　　）

4. 收费系统中读卡机读通行券时，如果出现"U"形转弯、"J"形转弯，则应按照收费管理规定处理。（　　）

5. 自动计费、人工收费系统在收费过程中，车辆在入口车道需要停车，在出口车道则不需要停车。（　　）

四、简述题

1. 简述我国常用的两种收费制式及其特点。
2. 简述收费系统的基本构成及主要功能。
3. 简述收费车道的组成及主要实现的功能。
4. 简述车道控制机的常见故障及排除方法。
5. 简述自动栏杆的常见故障及排除方法。
6. 简述交通信号灯的常见故障及排除方法。

项目三　高速公路监控系统运行与维护

 知识目标

1. 了解高速公路监控系统基本概念与特性；
2. 了解高速公路监控系统组成与功能；
3. 掌握高速公路监控系统主要设备与功能；
4. 掌握常见高速公路监控系统故障诊断与维护；
5. 了解新技术在高速公路监控系统中的应用。

 技能目标

1. 会描述高速公路监控系统的组成图；
2. 熟悉典型监控系统的组织布局及工作原理；
3. 认知高速公路典型监控设备、设备性能指标和技术参数；
4. 熟练高速公路监控系统典型设备现场操作；
5. 熟悉高速公路监控系统常见故障诊断与恢复。

 项目引入

"要想富,先修路",这句话见证了我国经济的成长历程。随着经济的发展和人民生活水平的提高,高速公路在我国快速延伸。同时部分地区已经开始将高速公路监控引入交管建设系统当中并开始发挥作用。但随着系统应用规模日益庞大,如何有效组建大型的联网监控系统,如何有效保护投资越来越成为大家关注的问题。本项目主要介绍高速公路监控系统运行、维护和管理相关知识和基本技能。

 知识支撑

任务一　高速公路监控系统概述

一、高速公路监控系统概述

高速公路监控系统是指高速公路交通监视和控制系统,从广义来讲也称高速公路管理系统。

监视:是利用路面、路旁的数据采集和监测设备及人工观察,对道路交通状况、路面状况、天气状况和设备工作状态等参数进行实时观察和测量,并通过传输系统送至中心控制室。

控制:是利用监控计算机或监控员实时处理系统中的各种数据,按一定模式进行分析、判断和决策,并将决策结果和控制命令送至驾驶人信息系统、收费口控制设备或匝道控制设备,促进行车安全,提高行车效率;对行车延误的事件迅速响应,提供紧急服务,快速排除事件,达到调节和控制道路交通状况的目的。

高速公路监控主要负责数据、视频、路况的信息采集、处理和存储,提供交通信息资源。为高速公路快速、安全、舒适、高效提供保障。

二、高速公路监控系统组成

高速公路交通监控是对高速公路交通流运行状态及其交通设施和交通环境的监测(视)和对交通流行为的控制。由现场监控站和各级监控中心组成监控系统,是实现高速公路运行管理的主要手段。监控系统的目的是保证行车"安全"和道路"畅通",在此基础上再实现高速、环境保护等其他目标。

高速公路的监控系统一般由(交通信息采集系统、交通监控信息处理系统和信息提供发布系统)组成,各子系统分别完成其独立的功能。因此,实际的高速公路监控系统可根据投资额、地形地貌等因素,分别或全部选中各子系统。高速公路监控系统结构如图3-1所示。

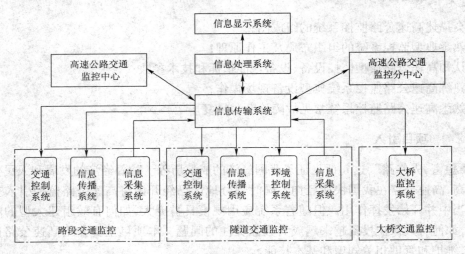

图3-1 高速公路监控系统结构图

目前,我国的高速公路机电系统建设已经有了较长足的进步,初步形成了适合我国高速公路运营管理特点的机电系统建设标准和体制。随着交通量的不断增大,监控系统越来越受到了管理部门的重视,交通监测、控制、诱导的手段也不断加强,交通地理信息系统(TGIS)、卫星定位系统(GPS)也得到广泛的应用。标准化、数字化、智能化、模块化已成为现在机电系统建设的显著特点。

1. 交通信息采集系统

高速公路交通信息采集系统主要采集交通流信息、气象信息、隧道交通环境信息、异常事件信息,可划分如下:

(1)交通检测子系统

在高速公路主线上以及入口匝道和出口匝道、互通处、隧道内等处设置,用来采集所需的交通流数据(如车速、车流量、占有率、区间车速等),作为监控中心信息处理系统分析判断、生成控制方案的主要依据。

交通检测子系统的主要功能是通过安装在高速公路路侧的车辆检测器,来检测交通流量、行车速度、道路占有率等交通状况数据。道路管理者可根据这些数据来判断道路交通状况,确定是否采取或采取哪种相应的交通管理措施。车辆检测器原理框图如图 3-2 所示。

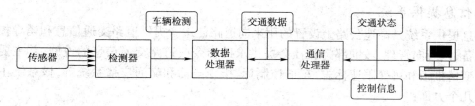

图 3-2 车辆检测器原理框图

(2) 气象环境监测子系统

主要检测风力、风向、降雨、降雪、冰冻、雾区等影响高速公路通行环境的气象状况信息。

(3) 闭路电视(简称 CCTV)子系统

安装在车流密度比较大的路段、事故易发路段和重要构造物(如桥、隧道、互通处、收费广场等)处系统,通过视频图像实时掌握监控区域交通状况,以便对突发事件迅速地做出反应,采取相应措施,排除故障或妥善地处理事故。

(4) 隧道环境信息系统

隧道环境信息系统主要检测隧道内的通行环境,检测隧道监控设施的显示状况(如交通信号、风机运行、照明、情报板等)、能见度、风向、火灾报警信号等信息。

(5) 紧急电话子系统

在高速公路上下行线上每隔一定距离安装一部紧急电话,当车辆发生故障或出现交通事故时,驾驶员可及时向监控中心通报,同时在监控中心的紧急电话计算机上可以显示发信电话所在的地点和编号,以便采取相应的应急措施。

(6) 无线对讲子系统

通过高速公路巡逻车上的无线对讲系统来采集路况及突发事件信息。

2. 交通信息处理系统

交通信息处理系统是介于信息采集系统和信息发布系统之间的中间环节,是监控系统的核心部分,通常由计算机系统、室内显示设备和监控系统控制台组成。

交通信息处理控制系统通过监控中心设备的运行,生成交通控制方案,主要功能如下:

①对信息采集系统传过来的数据进行实时的运算、处理和分析。

②根据分析结果,决定控制方案,发出相应的控制命令,指挥事件处理。

③通过 CCTV 闭路电视系统监视各主要路段的交通情况。

④负责管辖区域内的通信联络。

⑤全系统组成设备工作状态的监控。

一般而言,信息处理和控制系统需提供的决策支持功能有:

①主要匝道口交通诱导分流的决策。

②事故多发路段交通异常预警的决策。

③雾区交通控制的决策。

④道路维护施工封锁部分车道的决策。

⑤隧道二氧化碳、烟雾等浓度异常的通风控制决策。

⑥隧道照明控制的决策。

⑦隧道火灾报警的控制。
⑧隧道交通异常的自动预警决策。

3. 信息提供系统

信息提供系统是高速公路上设置的用来向道路使用者提供道路交通信息和诱导控制指令的设备，以及向管理、救助部门和社会提供求助指令或道路交通信息的设施，其主要设备包括可变情报板和可变限速标志、车道控制标、指令电话和交通广播系统等，该系统主要包括以下几个方面：

①如前方道路的交通堵塞情况、事故告警、气象情况、道路施工情况等。
②向道路使用者提供建议或控制命令；如最佳行驶线路、最佳限速、车道控制信号、匝道控制信号等。
③向管理和救助部门提供救助信息。
④向社会提供交通信息。

三、高速公路监控系统分类

1. 按照高速公路里程长短、道路路况和监控功能需求的不同分类

（1）分布式

一条高速公路可能有一个监控中心，下辖若干分中心，每个分中心管辖一个路段、一座大桥、一条隧道或一组匝道控制设备，通过网络实现监控数据分布式管理，在较小范围内实现监控数据的集中存储，方便视频数据的回放和查询。分布式监控中心网络拓扑结构如图3-3所示。

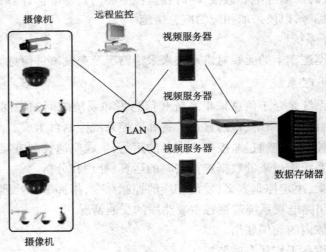

图3-3 分布式监控中心拓扑结构图

（2）集中式

一条高速公路只有一个监控中心，通过网络实现监控数据集中存储，统一管理，在较大范围内实现监控数据的集中存储，集中式监控中心网络拓扑结构如图3-4所示。

2. 根据监控的对象不同分类

（1）收费监控系统

主要是对车道、收费广场、收费亭的收费情况；对收费车道通过的车辆类型、收费员操作的过程以及收费过程中的突发事件和特殊事件进行观察和记录,实施有效的监督。

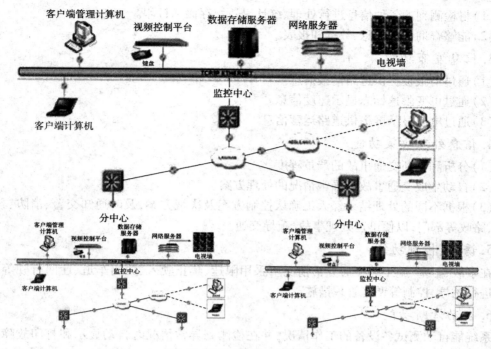

图 3-4　集中式监控中心拓扑结构图

(2) 道路监控系统

主要是对高速公路干线、互通立交桥、隧道等重点路段进行监视、掌握高速公路交通状况,及时发现交通阻塞路段、违章车辆,及时给予引导,保证高速公路安全通畅。

 思考

高速公路的监控系统一般由哪几部分组成?高速公路监控系统分类中是不是所有的监控中心只能有一个?高速公路监控系统功能方框图是什么样的?举例说说高速公路监控系统中使用哪些先进的技术?

四、高速公路监控系统功能

根据高速公路交通需求及管理特点,监控系统一般须具备如下功能。

1. 信息采集功能

(1) 检测交通量参数。

(2) 检测交通异常情况的发生。

(3) 检测气象信息。

(4) 紧急电话呼叫应答。

(5) 日常巡逻车和过往车辆报警。

(6) 通过外场摄像机监视道路交通情况。

(7) 监控外场设备运行状况。

(8) 采集正常道路养护信息。

2. 数据处理、统计、查询和显示功能

(1)将检测到的各种信息进行处理、统计、显示、存储和打印。

(2)能够查询各类信息、数据和报表。

3. 信息发布功能

(1)通过情报板提供道路情报信息。

(2)通过可变限速标志显示速度信息。

(3)通过电子显示屏提供道路运营信息。

4. 信息处理决策功能

(1)分析和判断交通事故的严重程度。

(2)自动生成交通事故及异常情况的处理方案。

(3)根据不同的处理结果经人工确认控制方案及决策方案,及时通知交警、消防、救护、养护、路政等部门,以便迅速处理事故,疏导交通。

5. 诱导、控制功能

在事故、阻塞、施工等交通异常情况下采用限速、禁止驶入、关闭车道、迂回行驶等控制方法进行诱导、控制等调度管理措施。

6. 自动诊断功能

系统能自动测试各设备的工作情况,并在检测到异常情况时自动显示和打印故障诊断报告。若发现严重故障信息,则向工作人员报警。

7. 数据备份和系统恢复功能

具有数据自动备份功能,并能实时自动地将重要数据进行备份。一旦系统出现故障,能在排除故障后尽快恢复系统运行。

8. 安全管理功能

对不同管理人员分别设置不同的使用权限,设置不同的操作口令和密码,对值班员的操作进行记录。具备防病毒功能以保证系统安全运行。

9. 信息传输功能

向上一级传输图像和数据信息,向下一级下传上一级的各种指令和控制命令。

10. 事故、事件输入功能

人工键入各类路况信息,如事故、道路养护、气象信息等。

五、高速监控系统过程

高速公路监控系统的闭环控制系统功能框图如图3-5所示。输出为车辆运行状态,输入为控制指标,受控对象为交通流、道路、交通和气象环境等各种影响交通流的因素作为系统的干扰输入;表征交通流状态特征的信息历经采集、处理、决策和执行各个环节。

交通流的状态特征随路段位置和时间而变化,具体为交通量、车速和交通密度等物理量的变化。为了探测交通事件,需要掌握交通流更详细的情况。布设在少数断面的传感器无法提供细节,为此在各路段的必要地点设置有摄像机和紧急电话,采集图像、语音信息,由人的视觉、听觉感官对这些信息进行补充识别判断;当出现交通事件或事故时,由人组织医疗、消防、车辆救援等部门,并通过计算机网络控制事故现场临近路段的交通,统一指挥和处理。

由上述分析可以看出,监控系统只有一个,但针对不同的情况和管理目标,系统的运行过程各有侧重,并不完全一样。一般而言,以安全和设施为目标的监控系统具有以下特点:

①监控和管理紧密结合,表现为人参与监控过程的各个环节,时滞较长,人员素质对效果产生较大影响。

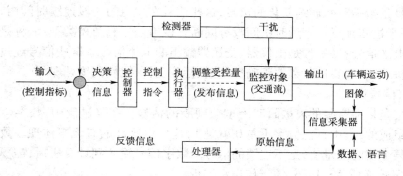

图3-5　监控系统功能框图

②监视和监测人的决策提供信息,监视和监测在监控过程中具有重要地位。

以道路畅通为目标的监控过程特点表现为:

①在执行控制环节上需要驾驶员参与,人的素质仍然影响控制效果,使控制具有一定程度的不确定性。

②其他环节都可由器件自动执行,目前高速公路均具备计算机控制网络,为优化控制提供了良好的条件。

六、高速公路监控系统中先进技术

1. 计算机网络技术

计算机网络是计算机技术和通信技术密切结合的产物,已成为计算机应用中一个必不可少的方面。计算机网络的功能可归纳为资源共享、提高可靠性、节省费用、便于扩充、数据通信、协同处理、负荷分担等。

在交通监控系统中,通过计算机网络把数据采集、交通控制、诱导策略实施等模块连接成为有机的控制系统。

2. 视频监视技术

视频监视系统可以把监视现场的图像和声音数据传送到远离现场的监控中心,通过多媒体技术将视频、音频数据保存到计算机中。

视频监视系统一般由视频采集、视频信号传输、视频信号显示及视频控制部分组成。对高速公路主线入口、桥梁、隧道等重要的交通位置进行视频监视,可以协助工作人员及时了解交通现场的情况,根据发生的事件、事故确定具体的应对策略。

3. 数据采集与处理技术

数据采集是指将传感器提供的温度、压力、流量、能见度、湿度等模拟量采集、转换成数字量后,再由计算机进行存储、处理的过程,相应的系统称为数据采集系统。

数据采集系统一般具有以下功能:

(1)数据采集

计算机按照预先选定的采样周期,对输入到系统的模拟信号进行采样,有时还要对数字信号、开关信号进行采样。数字信号和开关信号不受采样周期的限制,当这类信号到来时,由相应的程序负责处理。

(2) 模拟信号处理

模拟信号是指随时间连续变化的信号,这些信号在规定的一段连续时间内,其幅值为连续值,即从一个量变到下一个量时中间没有间断。模拟信号有两种类型:一种是由各种传感器获得的低电平信号;另一种是由仪器、变送器输出的电流信号。这些信号经过采样和转换后输入计算机后,一般要进行数据正确性判断、标度变换、线性化等处理。

(3) 数字信号处理

数字信号是指在有限的离散瞬时上取值间断的信号。在二进制中,数字信号是由有限字长的数字组成的,其中每位数字不是 0 就是 1,这可由脉冲的有无来体现。数字信号的特点是只代表某个瞬时的量值,是不连续的信号。数字信号输入到计算机后,需要进行码制转换,如:BCD 码转换成 ASCII 码,便于传送和实现。

(4) 多次数据计算

由传感器直接采集到的数据称为一次数据,通过对一次数据进行某种数学运算而获得的数据称为二次数据。二次数据计算主要有平均、累计、变化率、差值、最大值和最小值等。

(5) 数据存储技术

数据存储是按照一定的时间间隔,定期将某些重要数据存储在外部存储器上。在交通监控系统中,数据采集系统在采集交通流量、路面温度、湿度、道路大气污染度方面有重要应用。

(6) LED 显示技术

LED 显示屏在高速公路两侧或上方设置,可以将交通诱导信息及时告知驾驶员,达到调节交通流量的目的。显示屏由显示器件、电源、控制器等部分组成,在野外装置的要求发光管有较强的亮度。

(7) 数据通信技术

当前端设备采集到交通流量或温度、湿度等数据时,要将这些数据发送到上位机或监控的其他数据接收设备,进行深层次的处理。数据传送时需要数据通信技术的支持,在近距离可通过 RS232 或 RS485 口按规定的通信协议传送数据。

(8) 图像处理技术

采用视频交通检测技术时,可通过摄像机采集视频数据,捕捉其中的某一瞬时图片,通过对图片进行画面分割、模式识别等处理,可以分析出交通流量的大小。

(9) 计算机软件设计技术

交通监控系统的最终目的是为交通管理服务,大量的交通数据采集到监控室后,要依靠计算机软件对这些数据进行接收、分析和处理。在交通监控技术的实施过程中,计算机软件编制占用较长的时间。按照软件工程的一般管理方法,软件开发一般分为需求分析、概要设计、详细设计、代码编写、调试、单元测试、集成测试等阶段。

(10) 交通控制技术

交通监控系统的核心是监控软件,而监控软件必须按照交通控制的算法来实现交通控制的目的,因此,交通控制技术在交通监控系统中占据十分重要的位置。交通控制理论和交通控制机制包括匝道控制、主线控制等,交通控制算法是交通监控系统的核心。

七、高速公路监控系统常用设备认知

在高速公路监控中心获取一切信息都属于信息采集子系统,信息采集子系统按照信息的性质大致可分为以下三种类型:

第一类,数据信息的采集设备,如车辆检测器,它所采集的数据是监控中心进行实时分析、处理和决策的基础。

第二类,监控系统直接控制的话音和图像信息采集的紧急电话和电视监视系统。这些话音和图像信息是监控中心进行决策的重要依据。

第三类,辅助性检测手段,如巡逻车、当地的交通、气象广播等。

1. 交通信息检测设备

(1) 环形线圈检测器

环形线圈检测器是利用感应线圈来监测车辆速度,是目前全世界上技术较成熟的车辆监测方法。环形线圈检测器的工作原理为:环形线圈是个电感元件,与电子单元构成一个协调电子系统,电子单元通过环形线圈产生一个 10~200kHz 的频率。当车辆通过或停在环形线圈上时,改变了线圈的电感量,激发电子电路产生一个输出,从而检测到通过或停在线圈上的车辆。环形线圈监测器应用图如图 3-6 所示。

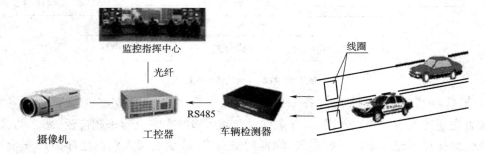

图 3-6 环形线圈检测器应用

(2) 微波交通检测器

微波交通检测器是利用雷达测距、测速和成像技术的结合产物。微波交通检测器向检测区发射小功率、不同中心频率的连续调制微波,中心频率大于 10GHz,波长大约 3cm,带宽 45MHz,进行分区扫描,获得被测物的反射回波。这种检测器由微波发射、接收探头及控制器、调制解调器和专用电源等三部分组成。最多可以检测 8 个车道的交通量、平均车速占有率、按长度划分的车型和排队长度等参数。

微波雷达检测器可安装在单车道道路的正对路中央的半空中,以测量驶来或离去车流的交通参数,也可在路旁安装以测量多条车道上车辆的交通参数。波束宽度,即雷达能量所能覆盖的区域,决定于天线的尺寸和雷达孔径。而这些设计特征一般由制造商决定。当车辆从雷达波覆盖区域穿过时,雷达波束由车辆反射回雷达天线,然后进入接受器,通过接受器完成车辆检测并计算出流量、速度及车身长度等交通数据。

如图 3-7 所示,安装于道路旁立杆上的微波检测器发射出平行于车道和垂直于车道方向均具有一定张角(发射角和方位角)的微波波束(该波束可以覆盖 8 条车道),在路面投

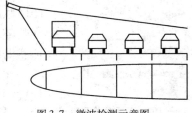

图 3-7 微波检测示意图

影出椭圆形微波"阴影",微波束经路面和车道上的车辆反射后被雷达接受,通过混频产生差频信号,由于差频信号频率与距离相关,而信号强度与车辆是否存在相关,这样通过一定的数字信号处理便可以得到各车道的车流量信息。

（3）视频车辆检测器

视频车辆检测器是运用视频图像处理技术和计算机图形识别技术开发出来的新产品,它具有高效的广域视频监视并现场实时采集各种交通参数。

视频车辆检测器是通过视频摄像机作传感器,在视频范围内设置虚拟线圈(即检测区),车辆进入检测区时使背景灰度值发生变化,从而得知车辆的存在,并以此检测车辆的流量和速度。检测器可安装在车道的上方和侧面,与传统的交通信息采集技术相比,交通视频检测技术可提供现场的视频图像,可根据需要移动检测线圈,具有直观可靠、安装调试维护方便、价格便宜等优点。缺点是容易受恶劣天气、灯光、阴影等环境因素的影响,汽车的动态阴影也会带来干扰,受恶劣天气正确检测率下降,甚至无法检测。受灯光、阴影等环境因素的影响误检率也大幅上升。视频检测技术对视频交通图像数据处理及特征提取都是实时进行的,其处理过程如图3-8所示。

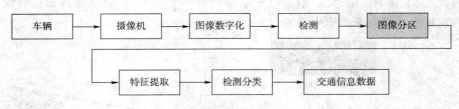

图3-8 视频检测系统组成框图

2. 气象和道路环境监测设备

随着交通运输业的快速发展,天气条件对交通运输的影响也越来越广泛,恶劣的天气条件可能会给交通运输带来巨大的损失,降低运输效率,甚至威胁人们的生命财产安全,所以及时准确地获得天气信息已成为了交通运输管理和人们出行的必要条件。环境检测系统包括对道路、气象等的环境情况的检测。

气象检测项目主要有风速、风向、气温、相对湿度、能见度等。

道路环境检测项目主要有路面温度、路面相对湿度、路面积雪深度、路面冰冻等。

（1）温度检测器和湿度检测器

大气温度测量常采用薄膜工艺制作的铂电阻,路面温度检测常用绕线工艺制作的铂电阻。铂具有良好的化学稳定性,波电阻温度传感器也具有很好的稳定性。铂电阻的原始阻值为100Ω左右,检测时引线电阻和接线端子电阻对检测精度具有一定的影响,可以采用恒流源供电。

湿度传感器常用聚合物湿敏电容,它是由两块下电极、湿敏材料和上电极组成两个电容的串联电路,置于玻璃底衬上。湿敏材料为高分子聚合物,其介电常数随环境的相对湿度而变化,因此电路电容是相对湿度的函数。传感器的变换电路将电容转换成电压变化。

在日常的应用中,因为温度和湿度检测器体积较小,所以一般做成一体化设备,如图3-9所示。

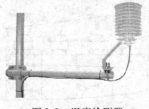

图3-9 温度检测器

（2）能见度检测器

能见度是指正常人视力能将目标物从背景中区别出来的最大水平距离。雾霾、沙尘、烟都会引起能见度的下降。能见度检测器是用来检测能见度的设备。

检测器的一端装有红外线发射器,另一端装有红外线接收器。发射器发射的一束红外光束,如果空气中含有任何影响能见度的小颗粒,则会产生散射,这些散射将被另一端的光敏元件接受。光敏元件给出与散射光成比例的光敏电流并经放大、整形、转换成能见度参数,常见的能见度检测器如图3-10所示。

图3-10 能见度检测器

(3)风速与风向检测器

风速检测器的传感元件为安装在轴承上的三个风杯。风杯由碳纤维增强塑料制成,质量轻、强度高,具有优良的动态和抗腐蚀性能。风杯转速由固定在转轴上的磁棒盘及霍尔电路测出并转换成频率,输出信号频率与风速成正比。风向感应元件是风标,其尾板用轻巧、坚韧的碳纤维增强塑料制成,以改善动态性能。风标方向用固定在转轴上的导电塑料电位器测量,电位器电阻和转角具有良好的线性关系,改变电阻可以将风向转换成所期望的电压信号值输出。常见风速、风向检测器如图3-11所示。

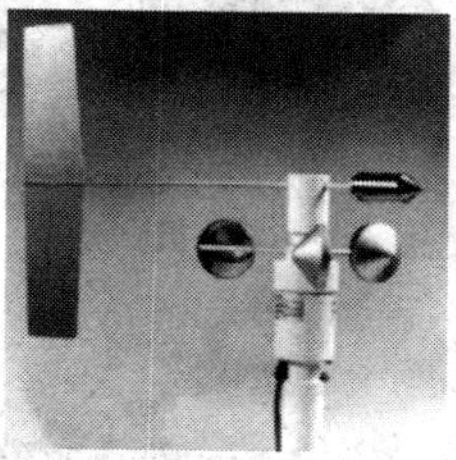

(4)雨量检测器

常采用双翻斗式雨量传感器,每次降水达到0.1mm,计数翻斗翻转一次;翻斗上固定有一块永久磁铁,磁铁翻转使磁铁附近的干簧继电器闭合,闭合次数由计数电路测量并转换成降水量信号输出。双翻斗结构具有高分辨率和较均匀的灵敏度。常见雨量检测器如图3-12所示。

图3-11 风速与风向检测器

(5)路干湿度检测器

路面干湿度检测器主要由碳纤维导电板制成的电极和电极间的绝缘板组成。为了减少电机的极化,电机加交流电压。通过电极的交变电流经整流电路转换成直流电压。此电压跟电极间的漏电电流有关,路面潮湿有水时,漏电电流较大,直流电压也大。将此电压与设定的门限值电压相比较,就可以判别检测器探头表面是否有水和沾水的程度。

图3-12 雨量检测器

(6)路面积雪厚度检测器

积雪不仅改变路面摩擦系数,加大行驶阻力,减低车速,而且积雪在车轮反复碾压下,极易冰冻。因此,需要及时检测积雪厚度。积雪厚度由安装在路面上方的超声探头检测。无雪时,探头至路面垂直距离一定,垂直往下发射时距和反射时距已知。有积雪时,超声波从雪层表面反射,空间距离减小,发射至反射的时距也减少。根据超声波的速度即可算出积雪厚度。由于声速是随温度的降低而减少,故此项检测需要进行温度修正。

3. CCTV闭路电视监控系统设备

闭路电视监控系统是建立在高速公路监控系统体系结构之上,设置总控制台、副控制台和现场设备,总称为外场监视系统。监控中心和监控分中心通过闭路电视系统的信号采集、传输、显示系统来对高速公路进行实时监控。

闭路电视监控系统由以下子系统组成:

(1)视频摄像子系统

视频摄像子系统即图像信息采集部分,主要设备是摄像机,辅助设备有镜头、防护罩、云台、支架、控制解码器、射灯等。

(2) 传输子系统

主要是指视频发射机、中继器、接收器、线缆、视频分配器等。

(3) 输出子系统

监视器、硬盘录像机、延时录像机。

(4) 控制子系统

控制子系统包括云镜控制器或控制键盘、副控制盘、矩阵切换器、画面切换器等。操作者通过控制器可实现对前端摄像机的图像调用以及镜头、云台、雨刷、除霜、灯光等辅助部件动作的遥控。辅助产品有字符叠加器、码转换器、控制信号分配器、视频放大分配器、时间日期发生器、音频切换器等。典型的监控系统设备如图 3-13～图 3-15 所示。

a) 摄像机　　b) 镜头　　c) 防护罩　　d) 云台　　e) 解码器

图 3-13

a) 视频分配器　　b) 视频画面分割器　　c) 视频切换矩阵

图 3-14

a) 监视器　　b) 硬盘录像机　　c) 控制键盘

图 3-15

4. 监控（分）中心设备

(1) 监控中心系统组成

监控中心即为监控系统的信息处理发布中心。由于监控中心的存在,分散、孤立的道路、交通、环境、事件信息等才能综合成反映道路实际运行状态的完整的图画,才能使高速公路发挥总体的路段、路网优势,使道路使用者有意识地使用最佳行使路线。监控中心控制系统一般由监控中心计算机系统和 CCTV 监视控制系统组成。

(2) 监控中心计算机系统

监控中心计算机系统包括主计算机、交通信息计算机、彩色图形显示计算机等。整个系统通过快速以太网将各个计算机联成网络,各计算机与外场设备的连接方式为分布式控制系统,并利用光环路载波系统进行数据信息的通信传输。这种局域网及其通信方式的优点是:通信灵活方便,网络结构简单,传输速率高,可靠性强,实时性好,可消除通信中的"瓶颈"现象。

计算机系统主要使用其安装的应用软件控制、浏览数据以及图像等信息。维护方法主要是注意平时使用的规范性,应定时对其进行除尘保养,病毒的定期杀除。硬件方面的维护主要通过更换故障硬件等来实现。

(3)CCTV监视控制系统

CCTV监视控制系统主要负责监视高速公路的交通运行状况、收费广场的收费秩序和其他相关情况,随时发现可能影响交通安全的事件,并及时对有关事件进行录像。系统由CCTV控制计算机、视频切换矩阵、专用控制键盘、彩色监视器及彩色打印机、硬盘录像、大型地图板显示系统、紧急电话控制系统等组成。

当监控中心的计算机系统收到外场设备的报警信号后,将自动向切换矩阵发出控制信号,控制摄像机将发生报警区域的图像锁定在监视器上,并将有关事故位置、时间和摄像机编码等叠加在屏幕上。所有摄像机拍摄的图像均能录像和打印出来。

随着网络技术的不断发展以太网技术的不断成熟和越来越广泛的应用,传统意义上的闭路监视控制系统已经发展为视频网路监控系统。该系统采用TCP/IP协议连接服务器和客户该系统采用端,可以保证无错传输并且操作台可以跨越网段,能够实现监控系统与其他办公自动化系统的紧密集成。

5.监控中心设备

(1)视频切换矩阵与专用控制键盘。

(2)监视器及画面分割器。

(3)硬盘录像机。

(4)大型地图板。

(5)大型显示屏。

(6)打印机。

(7)监控中心软件系统。

实训任务1

描述高速公路监控系统分类及其特点。见表3-1。

表3-1 高速公路监控系统分类和监控数据特点描述

监控系统分类	拥有监控中心数量	监控中心监控数据的特点

实训任务2

高速公路监控系统功能描述。

1.
2.
3.

续上表

4.
5.
6.
7.

任务二　高速公路监控系统运行

监控室操作台与电视墙连接图3-16所示；视频矩阵切换控制系统连接如图3-17、图3-18所示。

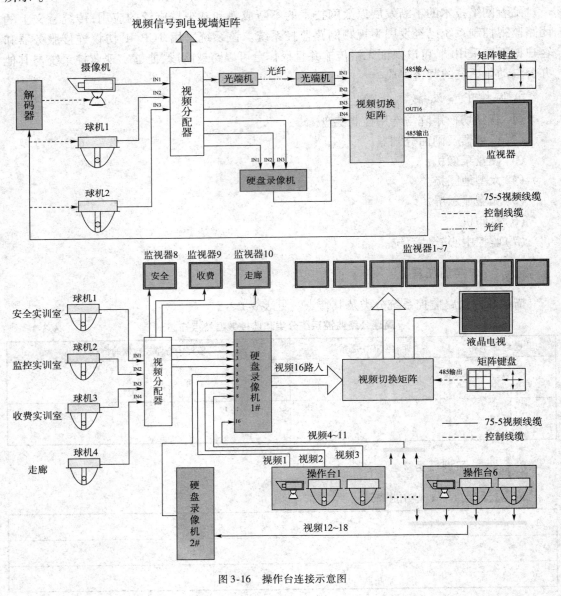

图3-16　操作台连接示意图

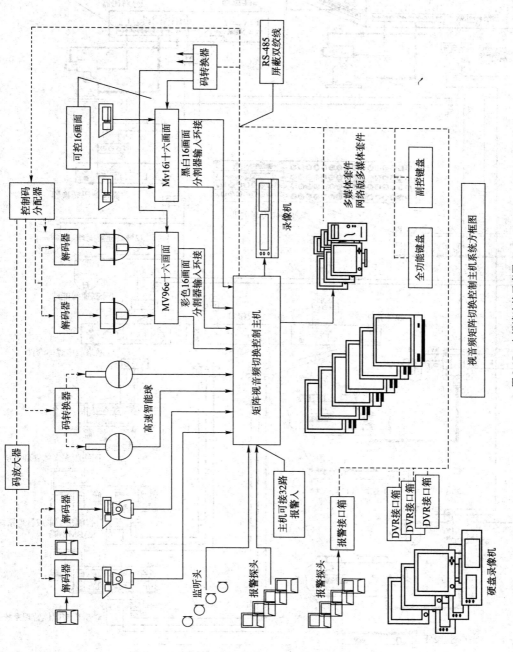

图 3-17 电视墙连接示意图

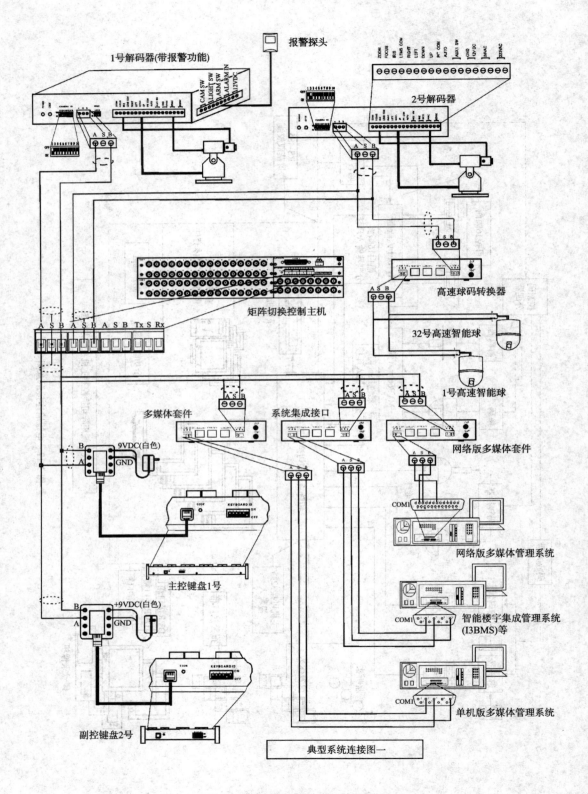

图 3-18　视频切换控制主机系统连接图

任务三 高速公路监控系统维护管理

一、信息采集设备日常操作和维护

1. 车辆检测器的日常操作和维护

(1)每月1次,在现场利用移动终端检查实时车速,并将结果和雷达枪测速值进行对比。

(2)每月1次,检查车辆检测器的机箱,发现有锈蚀的地方及时进行防腐处理,有进水的地方及时进行防水处理。

(3)每季1次,检查车辆检测器的接地电阻值是否满足运行要求。

(4)每月1次,检查各个线圈的阻值是否约为1Ω,电感值是否约为$150\mu H$,对地绝缘是否大于$2M\Omega$。

(5)每月1次,检查电源线输入端子是否紧固。

(6)每周1次,检查电源防雷器和信号防雷器是否损坏需要更换。

(7)每周1次,检查调制解调器工作状态指示灯是否正常。

(8)每周1次,检查数据连接线是否紧固。

(9)每周1次,检查线缆标签是否清晰,如果模糊,需进行更换。

(10)每月1次,检查机箱内部是否有潮气或水珠,如果有,则需重新封堵上线孔。

2. 气象检测器的日常操作和维护

(1)每年1次,在现场利用移动终端接受实时数据,并和手持式温湿度测试仪表、风速计、风向计进行对比。误差较大时,对温湿度传感器、风速风向传感器进行清理并修正。

(2)每月1次,检查气象检测器的机箱,发现有锈蚀的地方及时进行防腐处理,有进水的地方及时进行防水处理。

(3)每季1次,检查气象检测器的接地电阻值是否满足运行要求。

(4)每月1次,检查电源线输入端子是否紧固。

(5)每周1次,检查电源防雷器和信号防雷器是否损坏需要更换。

(6)每周1次,检查调制解调器工作状态指示灯是否正常。

(7)每周1次,检查数据连接线是否紧固。

(8)每周1次,检查线缆标签是否清晰,如果模糊,则需进行更换。

(9)每周1次,检查机箱内部是否有潮气或水珠,如果有,则需重新封堵上线孔。

二、外场监视系统设备日常操作与维护

1. 摄像机的日常操作和维护

(1)每月1次,在现场手动控制解码器,检查镜头的变倍、调焦等动作是否正常。

(2)每月1次,检查配套机箱,发现有锈蚀的地方及时进行防腐处理,有进水的地方及时进行防水处理。

(3)每季1次,检查摄像机的接地电阻值是否满足运行要求。

(4)每月1次,检查电源线输入端子是否紧固。

(5)每周1次,检查电源防雷器、视频防雷器和信号防雷器是否损坏。

(6)每周1次,检查线缆标签是否清晰,如果模糊,进行更换。

(7)每周1次,检查机箱内部是否有潮气或水珠,如果有,则需重新封堵上线孔。

2.云台的日常操作和维护

每月1次在现场手动控制解码器,检查云台的上下、左右等动作是否正常。

3.解码器的日常操作和维护

(1)每月1次在现场手动控制各个按钮,观察对镜头和云台的控制是否正常。

(2)每月1次检查解码器内的各接线端子是否紧固,确保其接触良好。

4.视频切换矩阵日常操作和维护

调用切换视频图像可通过操作键盘来实现日常操作:

(1)监视器编号,按"Mon",选择该监视器作为主监视器。

(2)输入摄像机编号,按"cam",切换该视频图像到指定的监视器。

(3)变倍和聚焦按钮,控制该摄像机的镜头动作。

(4)上下左右方向键,控制该摄像机云台动作。

(5)根据不同厂家的设备,有些还可以进行队列编程,可以预先设置几路视频图像进行轮询切换监视。

此外,为保证视频切换矩阵的正常运行,还要每月1次对视频切换矩阵进行清洁,防止灰尘过大,引起内部的电路板故障。

5.视频画面分割器的日常操作和维护

(1)每月1次,手动操作画面分割器的面板按钮,检查单画面显示是否都正常。

(2)每月1次,检查画面分割器的每个视频输入是否接触良好。

6.硬盘录像机的日常操作和维护

(1)通过操作硬盘录像机的监控软件界面或者控制面板,启动硬盘录像机24h录像。

(2)操作软件界面或者控制面板,对以前的录像进行回放。

(3)通过操作软件界面或者控制面板,对以前的录像按照时间段检索。

(4)通过操作软件界面或者控制面板,对视频图像进行单画面、四画面、八画面、十六画面监视。

(5)通过操作软件界面或者控制面板,按照管理要求定期备份录像文件。

(6)通过操作控制面板,每月1次检查硬盘录像机的IP地址、子网掩码、网关设置是否正确。

(7)通过操作控制面板,每月1次检查录像方式是否正确。

7.视频光端机的日常操作和维护

(1)每月1次用无水酒精擦拭尾纤,防止灰尘进入影响图像质量。

(2)每月1次检查视频输入接头是否接触良好。

8.监视器的日常操作和维护

(1)每月1次手动操作监视器的面板按钮,检查画面显示有否失真。

(2)每月1次检查监视器的每个视频输入是否接触良好。

三、外场发布控制系统设备日常操作与维护

可变情报板和可变限速标志的日常操作和维护包括如下内容:

(1)每月一次检查显示屏是否有常亮点,需要及时更换;检查显示屏的不亮点是否超过总数量的3‰,如超过,需及时更换。

(2)每月1次检查机箱,发现有锈蚀的地方及时进行防腐处理,有进水的地方及时进行防水处理。

(3)每季1次,检查可变情报板的接地电阻值是否满足运行要求。

(4)每月1次,检查电源线输入端子是否紧固。

(5)每周1次,检查电源防雷器和信号防雷器是否损坏需要更换。

(6)每周1次,检查调制解调器工作状态指示灯是否正常。

(7)每周1次,检查数据连接线是否紧固。

(8)每周1次检查线缆标签是否清晰,如果模糊,进行更换。

(9)每周1次检查机箱内部是否有潮气或水珠,如果有,则需重新封堵上线孔。

四、监控(分)中心设备日常操作与维护

1. 监控软件的日常操作和维护

(1)启动图形监控软件,输入工号和密码,进入主界面。

(2)点击界面的按钮,可进行地图的缩放、左右移动,观察全貌和细节。

(3)点击地图上的车辆检测器、气象检测器图标,弹出窗口,显示该设备的实时数据,方便查询。

(4)点击车辆检测器或气象检测器的数据曲线图,可观察交通流量、气象数据等信息的变化趋势。

(5)点击可变情报板或可变信息标志的图标,弹出窗口,可查询该设备正在显示的信息。

(6)点击收费站的图标,弹出窗口,可查询该收费站最新的出入口车流量。

(7)点击故障报警窗口,可查询当前设备的故障报警信息。

(8)点击告警确认图标,提示输入工号和密码,打印派工维修单,提交维护人员进行处理。

(9)点击信息发布按钮,输入要显示的内容或者选择预先设置好的信息,确认后即向外场的可变情报板或可变限速标志发布该信息。

(10)计算机类、以太网交换机、地图板等要求一直保持工作状态。

视频图像的切换可通过专用的矩阵键盘进行图像浏览、图像控制、图像编码调用、切换监视器显示、用户权限设置等;操作员可旋转、扭动键盘的摇杆,更加快速灵活的进行图像控制,按照系统设计的摄像机、监视器编码分配,选择某个监视器、某个摄像机图像,在键盘上直接输入编码,可快速调用该摄像机图像。

2. 地图板的日常操作和维护

(1)每月1次,对地图板屏体进行清洁处理。

(2)每月1次,检查地图板的输入电压是否正常。

(3)每月1次,检查各智能控制箱工作电压是否正常。

(4)每周1次,检查发光模块是否都正常工作。

(5)每周1次,检查各发光模块是否显示乱码。

(6)每月1次,检查数据线、地图板内部的扁平电缆是否连接可靠。

3. 大屏幕投影的日常操作和维护

（1）大屏幕投影的日常操作

①由于大屏幕投影灯泡的寿命问题,建议平常时间处于关闭状态。

②使用前,首先合上大屏幕投影的主电源开关,开启每个单屏的分路开关进行预热。

③其次打开大屏幕控制计算机,启动控制软件,即可调用视频图像、计算机 VGA 图像等显示在大屏幕上。

④关闭大屏幕投影,再关闭控制计算机。

（2）大屏幕投影维护的主要内容

①每月1次检查投影机的散热风扇是否正常转动,避免烧坏投影机。

②每月1次检查投影机的工作电压是否正常。

③每年1次检查投影机的灯泡是否老化。

④每月1次检查信号线、视频线是否连接可靠。

 实训任务

正确描述高速公路监控系统设备每月维护1次的维护对象及主要任务。

监控系统设备	主要维护对象	主要任务

项目单元测试

一、选择题

1. 下列检测设备中,不属于环境检测设备的是(　　)。
   A. 能见度检测器　　　　　　　　B. 一氧化碳浓度检测器
   C. 车重检测器　　　　　　　　　D. 路面干湿状态检测器
2. 可变信息情报板按功能应属于(　　)。
   A. 信息采集系统　　B. 信息处理系统　　C. 信息提供系统　　D. 通信系统
3. 以下交通检测器中具有智能功能的是(　　)。
   A. 环形线圈　　　　　　　　　　B. 超声波检测器
   C. 红外检测器　　　　　　　　　D. 视频图像检测器
4. 项目(　　)不属于环形线圈检测项目。
   A. 车长　　　　　B. 车高　　　　　C. 车速　　　　　D. 交通量
5. 属于交通监控对象的有(　　)。
   A. 设施状态　　　B. 环境干扰　　　C. 人员状态　　　D. 交通流
6. 监控系统工程实施过程不包括(　　)。
   A. 编写招标文件　　B. 合同谈判　　　C. 联合设计　　　D. 生产准备

7. 在各种车辆检测设备中,占有率最低的是( )。
   A. 主动式红外检测器　　　　　　　　B. 磁映像检测器
   C. 压电传感器　　　　　　　　　　　D. 车重检测器
8. 容易对监控系统工期产生较大影响的因素不包括( )。
   A. 定制产品　　　B. 海外订货　　　C. 设备检测　　　D. 设备质量监督
9. 不属于监控系统信息采集对象的是( )。
   A. 交通流　　　　B. 交通控制　　　C. 交通环境　　　D. 设备设施状态
10. 以下不属于道路环境检测项目,但属于气象检测项目的是( )。
    A. 路面温度　　　B. 路面相对湿度　C. 路面积雪深度　D. 风速风向

二、多选题

1. 常规气象检测项目包括( )。
   A. 温度　　　　　B. 积雪　　　　　C. 湿度　　　　　D. 雨量
2. 道路交通安全指标包含( )。
   A. 事故数　　　　B. 事故率　　　　C. 通车里程　　　D. 人口密度
3. 高速公路监控目标是( )。
   A. 人员安全　　　B. 车辆安全　　　C. 道路畅通　　　D. 设备完好
4. 交通事件检测方法的评价指标有( )。
   A. 事故率　　　　B. 事故数　　　　C. 测出率　　　　D. 误报率
5. 超声波检测器是由( )等部分组成。
   A. 超声波发射器　B. 超声波接收器　C. 时控电路　　　D. 显示电路
6. 车辆检测器安装质量检验项目主要包括( )等。
   A. 交通量计数精度　　　　　　　　　B. 传输性能
   C. 视认距离　　　　　　　　　　　　D. 安装位置与安装质量
7. 交通监控具有( )的特点。
   A. 监控对象复杂　　　　　　　　　　B. 监控系统组成复杂
   C. 监控手段多样　　　　　　　　　　D. 人的特殊作用
8. 下列各测试项目中,属于闭路电视监视系统功能测试内容的有( )。
   A. 云台水平、垂直转动功能　　　　　B. 自动光圈调节功能
   C. 监控分中心计算机主频速度　　　　D. 亮度调节功能
9. 路面状态检测项目包括( )。
   A. 干/湿状态　　 B. 冰冻厚度　　　C. 积雪厚度　　　D. CO 浓度
10. 描述交通流的主要参数有( )。
    A. 交通容量　　　B. 平均交通量　　C. 速度　　　　　D. 占有率

三、填空题

1. 高速公路监控系统应当具备＿＿＿＿、＿＿＿＿、＿＿＿＿等三个方面的功能。
2. 高速公路交通控制的主要有＿＿＿＿、＿＿＿＿、＿＿＿＿。
3. 高速公路监控系统的检测器主要有＿＿＿＿、＿＿＿＿、＿＿＿＿、＿＿＿＿、＿＿＿＿和＿＿＿＿。
4. 高速公路交通流状态变化的特点:＿＿＿＿、＿＿＿＿、＿＿＿＿。

5. 常用在交通监测方面的速度参数有_____速度、_____速度、_____速度和_____速度。

6. _____、_____和_____是摄像机的主要辅助设施。

7. 高速公路监控系统由_____、_____、_____和_____组成一个闭环控制系统。

8. _____、_____及_____的监测是交通环境监测的主要内容。

9. 收费车道中的监控设备是保证收费过程按照程序正常进行的必要设施,其主要由_____、_____、_____和_____组成。

10. 高速公路监控系统根据所管辖路段的道路状况和交通状况分为多种类型,主要有_____、_____、_____、_____和_____五类。

四、简述题

1. 简述红外检测器的检测原理。
2. 简述微波检测器的使用特点。
3. 简述气象检测与道路环境检测的特点。
4. 简述公路监控中心的系统组成。
5. 简述入口匝道控制的目的及常用的方法。
6. 简述逃费抓拍系统的六个工作过程。
7. 简述三种属于基于电磁感应原理的视频车辆检测器。

项目四　高速公路通信系统维护管理

 知识目标

1. 了解高速公路通信系统概述、系统组成及功能；
2. 掌握数据通信、光纤数字通信、程控数字交换等子系统的组成及原理；
3. 掌握视频图像传输、紧急电话、移动通信等系统的组成与功能；
4. 了解高速公路数据通信网的特点及结构；
5. 掌握高速公路通信系统设备、相关线缆及系统安装调试；
6. 掌握高速公路通信系统中常见设备故障排除和管理。

 技能目标

1. 会描述高速公路通信系统的组成及功能；
2. 知道各通信子系统的基本组成及工作原理；
3. 认知高速公路通信系统典型设备及设备连线；
4. 熟悉高速公路通信系统与设备常见故障诊断与排除方法。

 项目引入

高速公路通信系统是高速公路现代化管理的重要支撑系统，它要准确及时地传输监控系统和收费系统的话音、数据和图像等信息，保持高速公路各管理部门之间业务联络通信的畅通，并要为高速公路内部各部门和外界建立必要的联系；同时高速公路通信系统作为交通专用通信网的重要组成部分，是交通信息的主要传输载体，为各种网络服务及会议电视系统提供传输通道。本项目将主要介绍高速公路通信系统运行、维护和管理相关知识和基本技能。

 知识支撑

 思考

我国高速公路通信网规划遵循什么原则？高速公路通信系统主要有哪些特点？系统主要由哪几部分构成？高速公路通信系统是如何实现高速公路数据、语音、图像等信息传输的？

任务一　高速公路通信系统概述

高速公路通信系统是高速公路建设中的重要配套项目和基础设施组成部分，它为高速公路各级部门的运营、管理以及沿线设立的收费、监控系统提供话音、数据和图像的传输，是实现高速公路快速、安全、高效运行的重要保障。

一、高速公路通信网规划原则

（1）高速公路通信网的规划应符合我国通信技术与政策的规定，符合我国现行国标和交通运输部行业标准、规范的要求。

（2）高速公路通信网应统一规划、实施和统一管理。根据高速公路建设和开通运营的进程，应实现全省统筹安排，分路分期实施以及逐步全省联网的原则。省级高速公路网应充分考虑地区和各路段的业务要求，地区和全路段应服从省网总体规划的要求，省网应为全国通信联网和与相邻省际联网预留必要的光纤、电路和接口。

（3）高速公路通信网建设规模应立足于公路专网业务需求。主要为高速公路收费系统、监控系统和道路运营管理服务。网络系统容量应满足近期需求并预留一定余量，在主要干线和瓶颈路尤应适当扩大系统容量。充分考虑当今通信技术迅速发展的趋势，网络系统设计应采用模块化结构，可以平滑升级，系统应具有可扩展性。

（4）高速公路通信网建设标准应立足于高科技或高技术平台，主要采用光纤数字传输和数字程控交换机等先进技术。省高速公路通信专网应建设为集话音、数据、图像和文本等综合业务和网络自动管理的综合通信网，根据现代通信技术发展，再逐步建成宽带综合业务数字网。

二、高速公路通信系统的特点

通信是高速公路工程的重要组成部分，是高速公路营运管理与收费，监控系统的话音、传真、数据、图像等信息的传递提供专用通道；是保障高速公路安全、高速、畅通、舒适、高效运营及实现现代化交通管理必不可少的手段；在高速公路管理系统中起着中枢神经系的作用；并为以后高速公路的联网收费、联网管理提供技术支持。显然，高速公路通信网应该是一个符合高速公路业务特点的多媒体专用通信网，应该具备如下特点：

1. 多业务

高速公路通信网的最大特点就是多业务。语音业务包括公务电话 BT、指令电话 CT、紧急电话 ET，非话音业务的传真业务 FAX，数据业务包括局域网的互联、外场交通监控数据采集及控制，图像业务包括监控图像的传输等，实现多业务的网络合一，优化了网络结构，方便网络的维护，提高网络的利用率及节省投资成本。

2. 光纤化程度高

沿高速公路敷设的光缆，收费站、管理处、管理中心采用光纤通信设备，使高速公路通信网具备较高的光纤化程度，可以满足现在及未来通信业务的需要。

3. 传输数字图像

模拟图像的远距离传输不能充分利用光纤的有效带宽，将占用较多的光纤及使用多套传输设备，既浪费投资，图像监控效果又不是十分理想。图像的数字化压缩及传输提高了图像传输的质量，解决了图像的监控效果，同时节约了所占用的光纤，适合高速公路通信远距离的图像监控应用。数字图像有可能会取代模拟图像成为高速公路图像监控的一种新技术。

4. 可靠性高

高速公路通信网应具备较高的可靠性，关键设备及部件应为主设备方式，网络应具备较强的自愈能力,故障自动隔离,保护倒换迅速,不影响正在运行的业务,能够适合各种不同的恶劣环境应用。

5. 技术先进

高速公路通信网的数字程控交换机、SDH 光传输设备、光纤接入网、数字图像压缩、智能通信电源,采用了现代通信及计算机的最新技术和成果,技术上领先其他的专用通信网。

6. 扩展性好

要考虑目前的业务需求,又要满足将来电信开放的发展趋势对业务不断增长的需求,在不增加太多成本的情况下,应具有良好的可扩展性。分布式的网络结构、模块化的系统设计是容量扩展的最好方式,数字化、智能化为增加新业务带来了便利的途经。

7. 开放性

高速公路通信网应是开放性的网络。目前高速公路是分段建设,各段采用的通信设备都不相同,但应该满足一定的标准,才能为今后整个网络的联网做好准备。网络的开放性还有利于高速公路专用通信网与电信公网联网。

8. 集中网管

网络的集中管理给高速公路通信网的正常运行及维护带来了极大的便利,维护人员在管理中心通过管理终端对各种通信设备进行配置管理、故障管理、维护管理、性能管理和安全管理,大大提高了网络管理的效率。

9. 组网灵活

高速公路通信网的网络结构应是灵活多样的,对于单条高速公路来说,一般组成链型网络,对于全省的高速公路通信网络,环形结构是很好的一种选择,高速公路通信还应该具有十字形、T 形等复杂的组网结构。

三、高速公路通信系统结构

高速公路通信系统主要由以下几部分构成:光纤数字传输系统、程控数字交换系统(含指令电话系统)、紧急电话系统、数据图像传输系统、移动通信系统以及通信电源系统。高速公路通信系统构成如图 4-1 所示,高速通信系统层次结构示意图如图 4-2 所示。

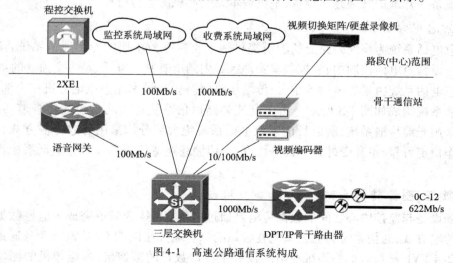

图 4-1　高速公路通信系统构成

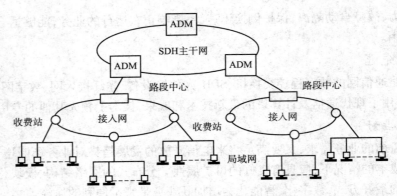

图 4-2　高速公路通信系统层次结构示意图

1. 光纤数字传输系统

光纤数字传输系统是为高速公路沿线设施（如程控交换机、业务电话）之间提供话务通信，它还为监控、收费系统的数据、传真、图像等非话业务提供传输通道。光传输系统大多基于 SDH，也有早期的 PDH 在运行。在单条高速公路内部，通信系统选择 SDH 是毫无疑义的，这是由业务接入特点和技术发展现状决定的。但各条高速公路通信系统的解决方案有所不同，目前一般采用 SDH 与综合业务接入网相结合的光纤数字传输系统。综合业务接入网有三种类型接口，即光线路终端接口（OLT）、光网络单元接口（ONU）和维护管理接口。控制中心的 OLT 通过 V5 接口完成多业务的接入，将话音业务（BT）、指令业务、数据业务和图像业务等合并到一个传输网络中，同时可实现与 DDN、PSPDN 等数据网的连接。收费站与控制中心可通过接入网的数字数据接口实现收费数据的上传及管理数据的下达。路面监控数据可通过各站接口传送到控制中心。通信中心设一套光传输本地网管终端，对 SDH 设备进行维护管理。通信中心还配备了一套综合业务接入网的网管终端，对接入网设备进行维护。SDH 本地网管和接入网网管可集中设置，也可分开设置。

2. 程控数字交换系统

程控数字交换系统为高速公路沿线提供业务电话和指令电话，由通信中心的一套汇接局数字程控交换机及若干用户（沿线各管理设施内）组成，它采用独立的运行维护方法，即为交换机配备一套维护管理终端设备，来负责本站交换机的运行维护。

3. 紧急电话系统

紧急电话系统为高速公路上驾驶员提供一个直接呼救求援的专用通信系统，该系统在监控中心设紧急电话控制中心，控制本管理区域内的所有紧急电话，是一个独立的系统。

紧急电话系统由紧急电话控制台、传输线路（传输媒质）和紧急电话分机三个部分组成。紧急电话系统构成如图 4-3 所示。由于高速公路通信系统通常均铺设通信管道，且通信干线一般采用光缆传输系统，所以目前紧急电话系统绝大部分均采用有线传输方式。此方式具有工作稳定可靠、不易受外界干扰等优点，但传输线路造价较高。紧急电话系统组成如图 4-3 所示。

4. 数据、图像传输系统

外场设备与监控中心之间的数据传输是通过电缆、ONU 音频道完成。监控数据传输采用模拟传输方式，通信系统为监控系统在各站的综合业务接网的 ONU 设备业务通道中提供足够的 2/4WVF 接口。监控系统在沿线设置了一定数量的摄像机，各摄像机的图像和控制信号均要传到监控中心。图像传输采用点对点模拟方式。通信系统负责为各摄像机图像和控制信号传输提供光缆,各摄像机的视频和控制信号复用后采用一纤传输方式,通信系统为每个摄像机提供一芯光纤。

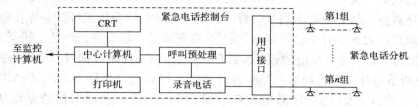

图 4-3 紧急电话子系统组成图

收费数据一般分收费中心计算机、沿线收费站计算机及收费车道控制机三级管理。收费站与收费中心之间的数据传输采用数据通道直接传输,通信系统在沿线各通信站的设备上应为收费数据传输提供足够的 2Mb/s 数据通道接口。

5. 移动通信系统

移动通信系统是为高速公路调度通信服务的,一般采用 800MHz 集群,下设基站。由于沿高速公路有光传输通信系统,因此基站之间的联网都使用此光缆链路,只需在综合业务接入网的光网络单元(ONU)和光线路单元设备上设音频接口板即可。

6. 通信电源系统

通信电源系统高速公路沿线的通信电源系统配置一套独立的电源网管系统,电源网管系统的监控终端设在通信中心。电源设备配备监控模块,负责采集本站电源设备运行信息,并把采集到的电源设备运行状况信息利用传输系统提供的话路传到通信中心的电源网管维护终端。

四、高速公路通信业务组成

高速公路通信业务主要由话音、数据和图像三种业务组成。

1. 电话业务的接入

高速公路电话业务包括业务电话 BT、指令电话 CT 及传真 FAX,由交换机 ZXJ10 及接入网 ZXA10 来完成这些业务。如图 4-4 所示。

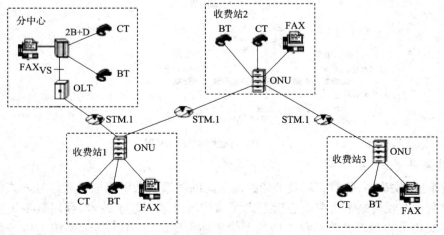

图 4-4 话音业务接入示意图

2. 数据业务接入

高速公路数据业务主要包括：

（1）收费数据。从收费站上传至分中心的收费数据。

（2）管理数据。从分中心下到至收费站的费率、时钟、收费员工号口令等管理数据。

（3）路面监控数据。有车辆检测器、能见度探测器等外场设备产生的上传至分中心的监控数据，由控制中心下达至可变情板、交通灯等外场设备的控制数据等。收费数据和管理数据可通过收费站与分中心的局域网互联进行传送。接口可以采用接入网 ZXA10 的 2M、2B+D、V.35、V.28、G.703 等数字数据接口。如图 4-5 所示。路面监控数据可通过接入网 ZXA10 的 2/4 线音频、V.24、V.28 等接口传送，如图 4-6 所示。

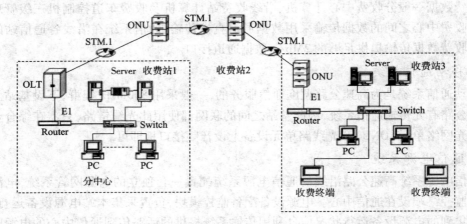

图 4-5　分中心与收费站局域网互联

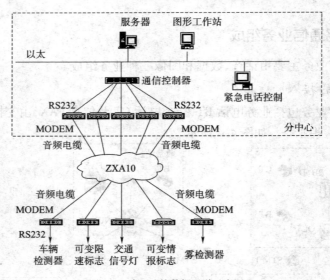

图 4-6　路面监控数据通道示意图

3. 图像业务的接入

收费车道、收费亭、收费广场及关键路面采集的图像均采用模拟视频信号方式传送至收费站监控室。在收费站至收费中心远距离图像传输可采用数字技术，利用数字压缩编码方式 MPEG-2，可以将收费站监控室上传的图像压缩编码。在 SDH 传输系统上传送至分中心监控室。经解码后还原成图像。实施对全线高速公路的图像监控,实现图像、语音与数据"三网合一"功能。如图4-7所示。

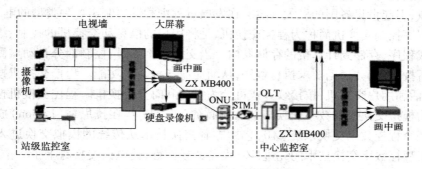

图4-7 监控图像传输通道示意图

 实训任务

熟悉高速公路通信系统结构,并正确描述系统包含的各子系统功能,见表4-1。

高速公路通信子系统功能描述 表4-1

高速公路通信子系统	功 能 描 述
光纤传输子系统	
程控交换子系统	
紧急电话子系统	
数据、图像传输子系统	
移动通信子系统	

任务二 高速公路通信系统运行

为了充分发挥高速公路的效益,必须完善与高速公路配套的通信系统、收费系统和监控系统。在三大机电项目中,通信系统主要为运营管理及监控、收费系统提供传输平台。但传统上,人们往往重视收费和监控而忽视了通信系统的建设,殊不知高速公路通信系统是高速公路现代化管理的支撑系统,它要实现监控系统和收费系统的数据、话音和图像等信息准确而及时的传输,要保持高速公路管理部门之间业务联络通信的畅通,并要为高速公路内部各部门与外界建立必要的联系。因此通信系统是实现高速公路现代化管理必不可少的基础设施。

高速公路通信系统主要由以下几部分构成:光纤数字传输系统、程控数字交换系统(含指令电话系统)、紧急电话系统、数据图像传输系统、移动通信系统以及通信电源系统。

一、程控数字交换系统运行

1. 程控数字交换系统简述

随着半导体器件和计算机技术的诞生与迅速发展,猛烈地冲击着传统的机电式交换结构,使之走向电子化。美国贝尔系统经过艰苦努力于1965年生产了世界上第一台商用存储程序控制的电子交换机(No.1 ESS),这一成果标志着电话交换机从机电时代跃入电子时代,使交换技术发生时代的变革。由于电子交换机具体体积小、速度快、便于提供有效而可靠的服务等优点,引起世界各国的极大兴趣。在发展过程中相继研制出各种类型的电子交换机。

存储程序控制交换机简称为程控交换机,是将用户的信息和交换机的控制、维护管理功能预先变成程序,存储到计算机的存储器内。当交换机工作时,控制部分自动监测用户的状态变化和所拨号码,并根据要求执行程序,从而完成各种交换功能。程控交换机按用途可分为市话、长话和用户交换机;按接续方式可分为空分和时分交换机。程控交换机按信息传送方式可分为模拟交换机和数字交换机。法国首先于1970年在拉尼翁(Lanion)成功开通了世界上第一个程控数字交换系统E10,它标志着交换技术从传统的模拟交换进入数字交换时代。由于程控数字交换技术的先进性和设备的经济性,使电话交换跨上了一个新的台阶,而且对开通非话业务,实现综合业务数字交换奠定了基础,因而成为交换技术的主要发展方向,随着微处理器技术和专用集成电路的飞跃发展,程控数字交换的优越性愈加明显的展现出来。目前所生产的中大容量的程控机全部为数字式的。

用户交换机的基本功能是完成单位内部用户的相互通话,但也装有出入中继线可接入公用电话网的市内网部分和网中用户通话(包括市通话,国内长途通话和国际长话)。由于这类交换机是单位内部专用,故可根据用户需要增加若干附加性能以提供使用上的方便。因此这类交换机具有较大的灵活性。用户交换机在技术上的发展趋势是采用程控用户交换机,采用新型的程控数字用户交换机不仅可以交换电话业务,而且可以交换数据等非话业务,做到多种业务的综合交换、传输。为各单位组建综合业务数字网(ISDN)创造了条件。

2. 程控数字交换机特点

程控数字交换机是现代数字通信技术、计算机技术与大规模集成电路(LSI)有机结合的产物。先进的硬件与日臻完美的软件综合于一体,赋予程控交换机以众多的功能和特点,使它与机电交换机相比,具有以下优点:

(1)体积小,重量轻,功耗低。它一般只有纵横制交换机体积的1/8~1/4,大大压缩了机房占用面积,节省了费用。

(2)能灵活地向用户提供众多的新服务功能。由于采用SPC技术,因而可以通过软件方便的增加或修改交换机功能,向用户提供新型服务,如缩位拨号、呼叫等待、呼叫传递、呼叫转移、遇忙回叫、热线电话、会议电话,给用户带来极大的方便。

(3)工作稳定可靠,维护方便。由于程控交换机一般采用大规模集成电路(LSI)电路或专用集成电路(ASIC),因而有很高的可靠性。它通常采用冗余技术或故障自动诊断措施,以进一步提高系统的可靠性。此外,程控交换机借助故障诊断程序对故障自动进行检测和定位,以及时地发现与排除故障,从而大大减少了维护工作量。

(4)系统还可方便地提供自动计费,话务量记录,服务质量自动监视,超负荷控制等功能,给维护管理工作带来了方便。

(5)便于采用新型公共信号方式(Common Channel Signalling,简写CCS)。由于程控数字交换机与数字传输设备可以直接进行数字连接,提供高速公共信号信道,适于采用先进的CCITT 7号信令方式,从而使得信令传送速度快、容量大、效率高,并能适应未来新业务与交换网控制的特点,为实现综合业务网(Integrated Services Digital Network,简写ISDN)创造必要的条件。

(6)易于与数字终端,数字传输系统连接,实现数字终端,传输与交换的综合与统一。可以扩大通信容量,改善通话质量,降低通信系统投资,并为发展综合数字网(IDN)和综合业务数字网(ISDN)奠定基础。

3. 话音信号数字化技术

数字交换系统可以直接处理、传送和交换数字信息,与模拟交换系统相比,其抗干扰性强,易于时分多路复用,便于加密,适于信号处理和控制,便于引入远端集线器,易于集成容量大、阻塞低的数字交换网络,并有利于实现数字交换与数字传输的直接连接,构成综合数字网(IDN),为向 ISDN 过渡奠定基础。然而,目前的通信网仍然以模拟为主,用户终端多为模拟话机。因而来自用户线的话音要进入数字交换机,需先在用户接口电路进行模数转换,将模拟话音编码成数字话音。

4. 时分多路复用技术

为提高传输信道的利用率,通常采用多路时分复用技术(multiplex)将若干路信息综合于同一信道进行传送。目前常用的复用方式主要有频分复用(FDM)与时分复用(TDM)两大类,它们分别按频率或时间划分信道。

对于频分复用,信道的可用频带被分割成若干互不交叠的频段,每路信号的频谱占用其一,以实现多路相加的 FDM 信号在同一信道中传输。在接收端,借助适当的带通滤波器加解调器与带通滤波器即载波生成器等,用以实现信号频谱的搬移和分割。FDM 是一种传统的技术,目前广泛使用于载波电话通信,在程控交换系统中有时也利用用户载波技术进行线对增容。

时分复用是将信道按时间加以分割,各路话音抽样信息依一定的次序轮流地占用某一时段(或时隙),从而实现多路复用。在程控数字交换系统中,为提高传输速率和交换容量,通常采用 PCM 复用方式。对于 PCM 基群系统,目前国际上有:30/32 路帧结构与 24 路帧结构两种复用制式。我国采用 30/32 路结构方式,即一帧占 125μs,分为 32 个时隙(TS0 ~ TS31),而只传送 30 路话音编码信息。

5. 程控交换机系统基本构成

电话交换机的主要任务是实现用户间通话的接续。基本划分为:话路设备和控制设备两大部分。话路设备主要包括各种接口电路(如用户线接口和中继线接口电路等)和交换(或接续)网络;控制设备在纵横制交换机中主要包括标志器与记发器,而在程控交换机中,控制设备则为电子计算机,包括中央处理器(CPU),存储器和输入/输出设备。

(1)交换网络

交换网络的基本功能是根据用户的呼叫要求,通过控制部分的接续命令,建立主叫与被叫用户间的连接通路。在纵横制交换机中它采用各种机电式接线器(如纵横接线器、编码接线器、笛簧接线器等),在程控交换机中目前主要采用由电子开关阵列构成的空分交换网络和由存储器等电路构成的时分接续网络。

(2)用户电路

用户电路的作用是实现各种用户线与交换之间的连接,通常又称为用户线接口电路(Subscriber Line Interface Circuit,简写 SLIC)。根据交换机制式和应用环境的不同,用户电路也有多种类型,对于程控数字交换机来说,目前主要有与模拟话机连接的模拟用户线电路(ALC)及与数字话机,数据终端(或终端适配器)连接的数字用户线电路(DLC)。

(3)出入中继器

出入中继器是中继线与交换网络间的接口电路,用于交换机中继线的连接。它的功能和电路与所用的交换系统的制式及局间中继线信号方式有密切的关系。对模拟中继接口单元(ATU),其作为是实现模拟中继线与交换网络的接口,基本功能一般有:

①发送与接收表示中继线状态(如示闲、占用、应答、释放等)的线路信号。
②转发与接收代表被叫号码的记发器信号。
③供给通话电源和信号音。
④向控制设备提供所接收的线路信号。

对于最简单的情况,某一交换机的中继器通过实线中继线与另一交换机连接,并采用用户环路信令,则该模拟中继器的功能与作用等效为一部"话机"。若采用其他更为复杂的信号方式,则中继器应实现相应的话音,信令的传输与控制功能。数字中继线接口单元(DTU)的作用是实现数字中继线与数字交换网络之间的接口,它通过PCM有关时隙传送中继线信令,完成类似于模拟中继器所应承担的基本功能。但由于数字中继线传送的是PCM群路数字信号,因而它具有数字通信的一些特殊问题,如帧同步、时钟恢复、码型交换、信令插入与提取等,即要解决信号传送、同步与信令配合三方面的连接问题。数字中继接口单位的基本功能包括帧与复帧同步码产生、帧调整、连零抑制、码型变换、告警处理、时钟恢复、帧同步搜索及局间信令插入与提取等。

(4)控制设备

控制部分是程控交换机的核心,其主要任务是根据外部用户与内部维护管理的要求,执行存储程序和各种命令,以控制相应硬件实现交换及管理功能。

程控交换机控制设备的主体是微处理器,通常按其配置与控制工作方式的不同,可分为集中控制和分散控制两类。为了更好地适应软硬件模块化的要求,提高处理能力及增强系统的灵活性与可行性,目前程控交换系统的分散控制程度日趋提高,已广泛采用部分或完全分布式控制方式。

 思考

数据通信是依赖于哪些系统实现的?一个典型的数据通信系统由哪几个部分组成?一般采用哪些指标反映数据通信的质量?

二、数据通信系统运行

1. 数据通信系统基本组成

数据通信是计算机与计算机或计算机与终端之间的通信。它传送数据的目的不仅是为了交换数据,更主要是为了利用计算机来处理数据。可以说它是将快速传输数据的通信技术和数据处理、加工及存储的计算机技术相结合,从而给用户提供及时准确的数据。在计算机网络通信中,要涉及两个实体和一个通信信道,它们就是源系统、目的系统和传输系统。

(1)源系统

源系统就是发送信号的一端,它包括以下两个必需部分:①源站:产生要传输的数据的计算机或服务器等设备。②发送器:对要传送的数据进行编码的设备,如调制解调器等。常见的网卡中也包括收发器组件和功能。

(2)传输系统

这是网络通信的信号通道,如双绞线通道、同轴电缆通道、光纤通道或者无线电波通道等。当然还包括线路上的交换机和路由器等设备。

(3) 目的系统

目的系统就是接收发送端所发送信号的一端,它包括以下两个必需的部分:①目的站:从接收器获取从发送端发送的信息的计算机或服务器等。②接收器:接收从发送端发来的信息,并把它们转换为能被目的站设备识别和处理的信息。它也可以是调制解调器之类的设备,不过此时它的功能当然就不再是调制,而是解调了。常见的网卡中也包括接收器组件和功能。

2. 数据通信系统基本模型

从数据通信原理角度来看,数据通信系统是通过数据电路将分布在异地的数据终端设备与计算机系统连接起来,实现数据传输、交换、存储和处理的系统。典型的数据通信系统模型由数据终端设备、数据电路和计算机系统三部分组成,如图4-8所示。

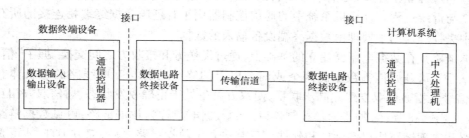

图4-8 数据通信系统组成

(1) 数据终端设备

在数据通信系统中,用于发送和接收数据的设备称为数据终端设备(简称 DTE)。DTE 可能是大、中、小型计算机,也可能是一台只接收数据的打印机,所以说 DTE 属于用户范畴,其种类繁多,功能差别较大。从计算机和计算机通信系统的观点来看,终端是输入/输出的工具;从数据通信网络的观点来看,计算机和终端都称为网络的数据终端设备,简称终端。

由于数据通信是计算机与计算机或计算机与终端间的通信,为了有效而可靠地进行通信,通信双方必须按一定的规程进行,如收发双方的同步、差错控制、传输链路的建立、维持和拆除及数据流量控制等,这一功能就是由网络中的通信控制器来完成的。在通信控制器中实现上述功能不像传统电话通信那样靠硬件来实现,在计算机网络的数据通信中,通信控制器是通过一种称之为"协议"的软件来实现的。不同的网络,在通信控制器中可能会有不同的协议软件。

数据终端还可分为分组型终端(PT)和非分组型终端(NPT)两大类。分组型终端有计算机、数字传真机、智能用户电报终端(TeLetex)、用户分组装拆设备(PAD)、用户分组交换机、专用电话交换机(PABX)、可视图文接入设备(VAP)和局域网(LAN)等各种专用终端设备;非分组型终端有个人计算机终端、可视图文终端和用户电报终端等各种专用终端。

(2) 数据电路终端设备

用来连接 DTE 与数据通信网络的设备称为数据电路终端设备(简称 DCE),该设备为用户设备提供入网的连接点。DCE 的功能就是完成数据信号的变换。因为传输信道可能是模拟的,也可能是数字的,DTE 发出的数据信号不适合信道传输,所以要把数据信号变成适合信道传输的信号。利用模拟信道传输,要进行"数字→模拟"变换,方法就是调制,而接收端要进行反变换,即"模拟→数字"变换,这就是解调,实现调制与解调的设备称为调制解调器(MODEM)。因此调制解调器就是模拟信道的数据电路终端设备。在利用数字信道传输信号时不需调制解调器,但 DTE 发出的数据信号也要经过某些变换才能有效而可靠地传输,对应的 DCE 即数据服务单元(DSU),其功能是码型和电平的变换,信道特性的均衡,同步时钟信号的形成,控制接续的建立、保持和拆断(指交换连接情况),维护测试等。

(3)数据电路和数据链路

数据电路指的是在线路或信道上加信号变换设备之后形成的二进制比特流通路,它由传输信道及其两端的数据电路终端设备(DCE)组成。如果传输信道为模拟信道,DCE 通常就是调制解调器(MODEM)。它的作用是进行模拟信号和数字信号的转换;如果传输信道为数字信道,DCE 的作用是实现信号码型与电平的转换,以及线路接续控制等。传输信道除有模拟和数字的区分外,还有有线信道与无线信道、专用线路与交换网线路之分。交换网线路要通过呼叫过程建立连接,通信结束后再拆除;专线连接由于是固定连接,所以无需上述的呼叫建立与拆线过程。计算机系统中的通信控制器用于管理与数据终端相连接的所有通信线路。中央处理器用来处理由数据终端设备输入的数据。

数据链路是在数据电路已建立的基础上,通过发送方和接收方之间交换"握手"信号,使双方确认后方可开始传输数据的两个或两个以上的终端装置与互联线路的组合体。所谓"握手"信号是指通信双方建立同步联系、使双方设备处于正确收发状态、通信双方相互核对地址等。如图 4-8 所示,加了通信控制器以后的数据电路称为数据链路,可见数据链路包括物理链路和实现链路协议的硬件和软件。只有建立了数据链路之后,双方 DTE 才可真正有效地进行数据传输。但要注意的是,在数据通信网中,DTE 仅仅操作于相邻的两个节点之间,因此从一个 DTE 到另一个 DTE 之间的连接可以操作多段数据链路。

3. 数据通信几个专用术语

在计算机网络的数据通信中,信息、数据、信号和信道是 4 个最基本的概念。正确理解这些概念,对于理解数据通信原理是非常重要和必要的。

(1)信息(Information)

通信的目的是交换信息,信息的载体可以是数字、文字、语音、图形或图像。计算机产生的信息一般是字母、数字、语音、图形或图像的组合。为了传送这些信息,首先要将字母、数字、语音、图形或图像用二进制代码的数据来表示。而为了传输二进制代码的数据,必须将它们用模拟或数字信号编码的方式表示。在信息编码标准中,ASCII(American Standard Code for Information Interchange,美国信息交换标准代码)编码被国际标准化组织 ISO 接受,成为国际标准 ISO646,又称为国际 5 号码。它用于计算机内码,也用作数据通信中的编码标准。

(2)数据(Data)

"数据"一般可以理解为"信息的数字化形式"或"数字化的信息形式"。狭义的"数据"通常是指具有一定数字特性的信息,如统计数据、气象数据、测量数据及计算机中区别于程序的计算数据等。但在计算机网络系统中,数据通常被广义地理解为在网络中存储、处理和传输的二进制数字编码。数据在信道中是以电信号的形式传送的,电信号分为"模拟信号"和"数字信号"两种,"模拟信号"是连续变化的电压或电流波形,而"数字信号"是一系列表示数字"0"或"1"的电脉冲(又称"码元")。与模拟传输相比,数字传输的质量高,是今后数据通信的发展方向。

(3)信号(Signal)

信号是数据在传输过程中电信号的表示形式。模拟信号(Analog Signal)的信号电平是连续变化的;而数字信号(Digital Signal)是用两种不同的电平去表示0、1比特序列的电压脉冲信号表示。按照在传输介质上传输的信号类型,通信系统分为"模拟通信系统"与"数字通信系统"两种。模拟信号与数字信号可以混合应用,也可相互转化来应用。

(4)信道

"信道"就是通信双方以传输媒介为基础的传递信号的通路。一条传输媒介上可以有多条信道(多路复用)。信道也有"模拟信道"和"数字信道"之分,模拟信道是以连续模拟信号形式传输数据的信道。数字信道是以数字脉冲形式(离散信号)传输数据的信道。以上说的是有线网络信道,在无线网络中,无线信道分为:微波信道、红外和激光信道、卫星信道三种。微波信道、红外和激光信道都具有很强的方向性。微波信道传输质量比较稳定,不受雨雾等天气条件的影响,但在方向性及保密性方面不及红外和激光信道。卫星信道是以人造卫星为微波中继站,属于散射式通信,它是微波信道的特殊形式。卫星信道的优点是容量大、距离远,但一次性投资大、传播延迟时间长。

另外,在"信号"概念中还有"信源"和"信宿"两个相关概念。"信源"是指通信过程中产生和发送信息的设备或计算机;"信宿"是指通信过程中接收和处理信息的设备或计算机,而前面介绍的"信道"总的来说就是"信源"和"信宿"之间的通信线路。

4. 数据通信中几个技术指标

在数据通信中,有4个指标是非常重要的,它们就是数据传输速率、数据传输带宽(也称"信道容量")、传输时延和误码率。

(1)数据传输速率

数据传输率是指单位时间内传输的信息量,可用"比特率"和"波特率"来表示。比特率是每秒钟传输二进制信息的位数,单位为"位/秒",通常记作 bit/s。主要单位:kbit/s,Mbit/s,Gbit/s。目前最快的以太局域网理论传输速率为10Gbit/s。

(2)传输宽带

简单地说,带宽(Bandwidth)是指每秒传输的最大字节数,也就是一个信道的最大数据传输速率,单位也是"位/秒"(bit/s)。高带宽则意味着系统的高处理能力。不过,传输带宽与数据传输速率是有区别的,前者表示信道的最大数据传输速率,是信道传输数据能力的极限,而后者是实际的数据传输速率。

(3)时延和时延带宽乘积

时延就是信息从网络的一端传送到另一端所需的时间。时延 = "处理时延" + "传播时延" + "发送时延"。

"发送时延"是节点在发送数据时使数据块从节点进入到传输所需要的时间,也就是从数据块的第一比特开始发送算起,到最后一比特发送完毕所需的时间,又称"传输时延"。发送时延(以 s 为单位) = 数据块长度(以 bit 为单位)/信道带宽(以 bit/s 为单位)。

"传播时延"是电磁波在信道中需要传播一定距离所需的时间。传播时延(以 s 为单位) = 信道长度(以 km 为单位)/电磁波在信道上的传播速率(以 bit/s 为单位)。

"处理时延"是数据在交换节点为存储转发而进行一些必要的数据处理所需的时间。在节点缓存队列中分组队列所经历的时延是"处理时延"中的重要组成部分。"处理时延"的长短取决于当时的通信量,但当网络的通信量很大时,还会产生队列溢出,这相当于处理时延为无穷大。有时可用"排队时延"作为"处理时延"。

(4)误码率

误码率是指二进制数据位传输时出错的概率。它是衡量数据通信系统在正常工作情况下的传输可靠性的指标。在计算机网络中,一般要求误码率低于 10^{-6} ,若误码率达不到这个指标,可通过差错控制方法检错和纠错。

5．数据通信系统数据传输

在数据通信中,涉及许多具体的技术,如数据的编码方式、传输方式、同步方式和复用方式等。

(1)数据传输模式

数据传输有几种划分方式:有基于数据信号类型进行划分的,有基于同时传输的数据位来划分的,还有基于数据传输方向进行划分的。在基于数据信号类型进行划分时可划分为基带方式(Baseband Transmission)和宽带方式(Wideband Transmission)。基带方式用于数字信号传输,不需调制,编码后的数字脉冲信号直接在信道上传送。常用的传输媒体有双绞线或同轴电缆,如以太网;而宽带模式用于无线电频率范围内的模拟信号的传输,数字信号需调制成频带模拟信号后再传送,接收方需要解调,常用介质有同轴电缆,如通过电话模拟信道传输和闭路电视的信号传输。

在数据通信中,如果从同时传输的数据位来划分则可分为串行传输方式和并行传输方式。串行传输方式是指将传送的每个字符的二进制代码按由低位到高位的顺序依次发送,每次只能传输其中的一位;而并行传输方式是将表示字符的多位二进制代码同时通过多条并行通信信道传送。

数据传输按信息的同一时刻数据传送方向,可分为单工、半双工和全双工三种传输方式,单工数据传输是指两个数据站之间只能沿一个指定的方向进行数据传输。

如数据由 A 传到 B 站(实线方向),而 B 站至 A 站只传送联络信号(虚线方向)。前者称为正向信道,后者称为反向信道。半双工数据传输是两个数据之间可以在两个方向上进行数据传输,但不能同时进行。全双工数据传输是在两个数据站之间,可以在两个方向同时进行数据传输。全双工通信效率高,但组成系统的造价高,适用于计算机之间高速数据通信系统。通常四线线路实现全双工数据传输,二线线路实现单工或半双工数据传输。在采用频分法、时间压缩法和回波抵消技术时,二线线路也可实现全双工数据传输,如在超 5 类双绞线网络中也可实现全双工传输就是这个道理。而在 7 类双绞线中则利用了全部的四对双绞芯线,所以只以全双工方式进行传输。

(2)数据同步

数据同步的目的是使接收端与发送端在时间基准上一致(包括开始时间、位边界、重复频率等)。目前主要有:位同步、字符同步和帧同步三种同步方法。

位同步的目的是使接收端接收的每一位信息都与发送端保持同步,有下面两种方式:①外同步:发送端发送数据同时发送同步时钟信号,接收方用同步信号来锁定自己的时钟脉冲频率。②自同步:通过特殊编码(如曼彻斯特编码),这些数据编码信号包含同步信号,接收方从中提取同步信号来锁定自己的时钟脉冲频率。

字符同步是以字符为边界实现字符的同步接收的,也称为"起止式"或"异步制"。每个字符的传输需要 1 个起始位、5～8 个数据位和 2 个停止位。

帧同步方式是以识别一个帧的起始和结束来同步的。帧(Frame)是数据链路中的传输单位,包含数据和控制信息的数据块。

(3) 数字编码方式

基带数字通信系统的任务是传输数字信息,数字信息可能来自数据终端设备的原始数据信号,也可能来自模拟信号经数字化处理后的脉冲编码信号。在基带数字通信系统中,信道编码器输出的代码还需经过码型变换,变为适合传输的码型。常用的基带数字编码方式有双极性不归零码、单极性不归零码、双极性归零码、单极性归零码和曼彻斯特码。

(4) 多路复用技术

为了提高信道的利用率,在数据的传输中组合多个低速的数据终端共同使用一条高速的道,这种方法称为"多路复用",常用的复用技术有"频分复用"、"时分复用"和"波分复用"三种。

(5) 数据的调制

"编码"是用数字信号承载数字或模拟数据,而这里所讲的"调制"是用模拟信号承载数字或模拟数据。看起来两者有点像是相反过程,其实不完全是这样,它们只是两种满足不同应用需求的数据处理技术。"调制"与"解调"才是完全相反的两个过程。模拟通信中可采用调幅、调频和调相等多种调制方式来调制信号,在数字通信中,数字数据通常采用幅移键控(Amplitude Shift Keying,简称 ASK)、频移键控(Frequency Shift Keying,简称 FSK)和相移键控(Phase Shift Keying,简称 PSK)这三种调制方式。

(6) 数据交换方式

通信子网由传输线路和中间节点组成,当信源(源节点)和信宿(目的节点)间没有线路直接相连时,信源发出的数据先到达与之相连的中间节点,再从该中间节点传到下一个中间节点,直至到信宿,这个过程称为交换。在数据通信中,数据交换方式主要包括电路交换和存储交换两类。其中"存储交换"又分为"报文交换"和"分组交换"两种。

"电路交换"(Circuit Switching)又称为"线路交换",是一种面向连接的服务。两台计算机通过通信子网进行数据电路交换之前,首先要在通信子网中建立一个实际的物理线路连接。最普通的电路交换示例是电话系统。电路交换是根据交换机结构原理实现数据交换的。其主要任务是把要求通信的输入端与被呼叫的输出端接通,即由交换机负责在两者之间建立起一条物理通路。在完成接续任务之后,双方通信的内容和格式等均不受交换机的制约。电路交换方式的主要特点就是要求在通信的双方之间建立一条实际的物理通路,并且在整个通信过程中,这条通路被独占。

"存储交换"是指数据交换前,先通过缓冲存储器进行缓存,然后按队列进行处理。"存储交换"又分为"报文交换"(Message Switching)和"分组交换"(Packet Switching)两种。报文交换的基本思想是先将用户的报文存储在交换机的存储器中,当所需要的输出电路空闲时,再将该报文发向接收交换机或用户终端,所以,报文交换系统又称"存储—转发"系统。报文交换适合公众电报等。"分组交换"(Packet Switching)与"报文交换"技术类似,但规定了交换机处理和传输的数据长度(称为分组),不同用户的数据分组可以交织地在网络中的物理链路上传输。是目前应用最广的交换技术,它结合了线路交换和报文交换两者的优点,使其性能达到最优。

 实训任务

根据通信系统的数据传输原理,正确连接数据传输信息的方式。见表4-2。

正确连接数据传输信息方式　　表 4-2

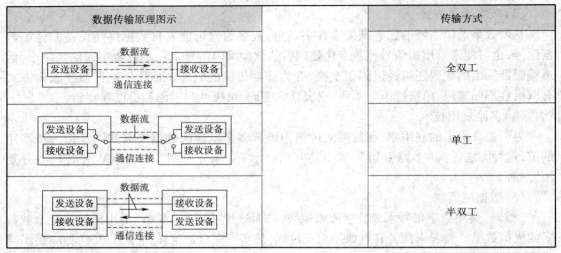

三、光纤数字通信系统运行

光纤通信的优点是通信容量大，中继距离长，不受电磁干扰，资源丰富，光纤重量轻、积小。光纤通信法的思想是 1966 年"光纤之父"高锟博士首次提出，1970 年贝尔研究所林严雄在室温下可连续工作的半导体激光器。1970 年康宁公司的卡普隆（Kapron）之作出损耗为 20dB/km 光纤。1977 年芝加哥第一条 45Mb/s 的商用线路。

1. 光纤系统基础知识

基本光纤系统由发送单元、传输单元、接收单元和连接器组成。
发送单元是把电信号转换成光信号。
传输单元是载送光信号的介质。
接收单元是接收光信号并转换成电信号。
连接器件是连接光纤到光源、光检测以及其他光纤。
基本光纤系统如图 4-9 所示。

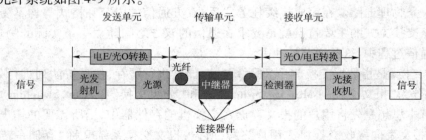

图 4-9　光纤系统方框图

2. 光纤通信系统功能

光纤通信系统是以光为载波，利用纯度极高的玻璃拉制成极细的光导纤维作为传输媒介，通过光电变换，用光来传输信息的通信系统。光纤通信系统由光缆和通信设备组成，而其设备主要有电端机（收、发）、光端机（收、发）以及辅助工作系统组成。对于长距离的光纤通信系统还需加设中继器。

（1）发送端的电端机

对来自信源的模拟信号进行 A/D 变换,将各种低速率数字信号复接成一个高速率的电信号进入光端机的发送端。

(2)接收端的电端机

将高速电信号进行分接,变成低速信号或进行 D/A 变换还原成原信号。主要是:

①可以为模拟信号终端设备,如电视视频设备。

②可以为数字终端设备,如脉冲调制设备(PCM)或复接设备。

(3)发送端的光端机

接受电端机的信号,按特定方式将电信号便成光信号,再经光纤连接耦合进入光纤,经传输到达光接受器。

(4)发送端的接收端机

将接受道德光信号转换成电信号,经过放大、判定等处理后,恢复成原电信号输入到电端机的接收端。

(5)辅助工作系统

包括电源系统(提供可靠工作电源)、监控系统(对运行状态进行监测与控制、确定故障位置)、切换系统(故障时进行切换)、公务电话系统等。

四、紧急电话系统运行

高速公路紧急电话系统是高速公路紧急救援的专用通信工具。当高速公路发生交通事故和突发灾害时,主要为道路使用者(汽车驾驶员、交警和公路管理维护人员等)提供紧急报警电话。高速公路用紧急电话系统我国称为"紧急电话",日本称为"非常电话",美国和欧洲称为"SOS",可以看出,国内外交通行业专家对紧急电话系统的作用和定位的观点是一致的。根据"2005 年高速公路紧急电话使用情况问卷调查统计表"随机抽样统计结果,对使用紧急电话的主要原因,67%以上是"交通事故报警",其他是"车辆事故"和"问路"。调查结果表明,紧急电话系统是公路专用紧急救援通信工具。

目前国内市场上的紧急电话按可分为多种方式,按系统是否自成系统可分为独立式和非独立式;按传输方式可以分成有线和无线(移动)紧急电话;按有线传输介质的不同可以分为电缆型(铜线式)紧急电话和光缆型紧急电话;按由高速公路通信专网组成还是借助于公网实现可分为公路专网紧急电话和利用公网实现的紧急电话系统。尽管紧急电话有不同的实现方式,但其目的都是为行车用户提供救援服务。

1. 专网的紧急电话系统

目前在国内,大部分高等级公路都建有专网的紧急电话系统,系统以路为单位,由设在路中心的紧急电话控制台、路侧紧急电话通话柱和传输载体等组成。目前主要应用有以下几种:

(1)以铜线为载体的紧急电话系统

此方式由电缆组成独立的紧急电话系统,技术较成熟,可选设备也多。供电可采用电缆远供或蓄电池供电,较为灵活。但电缆存在防雷、噪声积累和衰耗等问题。

(2)电话交换紧急电话系统

用此种方式沿线可从通信站向两侧敷设短段通信电缆,较第一种而言电缆数量减少,所以费用相对便宜。此方式充分利用了通信设备,组成简单,但它组成的紧急电话不是专门的系统,交换机或接入网的故障都会影响紧急电话的运行。

(3) 以光缆为传输载体的紧急呼叫系统

光纤紧急电话系统因为采用了光收发器件所以设备价格较高,但光纤可与通信光缆合缆,缆线的费用总体上降低了,并且可节约管孔资源,综合比较与电缆型的费用相差不多。光纤紧急电话比较适合每 2km 设 1 对紧急电话的情况,因为一般光缆盘长为 2km,光缆的接续点和紧急电话的设置地点相同,对整个光缆线路的传输不会有影响。

2. 利用公网实现紧急电话功能

(1) GSM 为传输载体的紧急电话系统

它是无线紧急电话系统,传输介质基于近年来国内外迅速发展的 GSM(或 CDMA)公众蜂窝数字移动网。GSM 网无线紧急电话系统是在每对紧急电话内安装一套经过特殊处理过的主控器,上面装有向 GSM 通信部门申请的 SIM 卡;在监控中心安装一套通信控制器,也装有 SIM 卡,如此就可借助于 GSM 网进行路侧电话与监控中心的通信。此紧急电话系统不受距离限制,不受气候影响,其话音的清晰度可与座机音质媲美;安装方便,单机调通即可通信。采用 GSM 紧急电话系统可节省光电缆费用,并大大减少系统初期的施工费,维护工作量也较少。在 2km 设 1 对的情况下系统总体费用与电缆型紧急电话系统差别不大,并且更新较为方便。

(2) 利用公网的专线号码实现紧急电话功能

随着公用移动通信网的覆盖范围愈来愈广,手机的愈来愈普及,很多业主提出这样的想法:不设置紧急电话系统,设立一个专用的电话号码,通过高速公路沿线的安全设施或情报板向社会发布,驾乘人员可通过拨打这个电话进行报警求援。目前重庆渝长高速公路就采用此种方式,它向社会公布一个电话号码,行车用户通过手机拨打它,不但可以进行救援还可以进行咨询和服务投诉。这种方法很好地利用了公用移动通信网络,它根据整个社会经济的发展情况,用新的方式实现了紧急电话功能。

但这种方式实施起来会有新的问题,现在的高速公路越来越多,一条高速公路用这个方法可以,如果每条高速公路一个救援号码,很难有人能记得住这些号码;另外目前高速公路已成网状,联网收费指日可待,路与路之间没有主线站,驾驶员顺畅地从一条高速公路到了另一条高速公路,易造成号码记忆的混乱。

五、视频图像传输系统运行

高速公路视频监控系统包括道路和收费站 CCTV 监控系统。收费站 CCTV 监控系统主要用于对收费车道和对收费业务的监视,保证收费系统正常工作;道路 CCTV 监控系统主要是用来对立交、桥梁、隧道以及特殊路段等进行监控。

1. 视频图像处理系统组成

根据传输距离远近,近距离一般采用模拟传输方式,通过光纤及光端机进行传输;对于较远的则一般选用数字传输方式,图像采用 MPEG2 压缩标准,传输速率不低于 2~4Mb/s,在路段监控所(收费站)设置视频编码器,在路段监控中心设置视频解码器,通过通信系统提供的网络接口进行传输。道路视频监控系统一般由以下几个部分组成:

(1) 前端图像采集系统,如摄像机、镜头、编码器、云台、防护罩或球形一体化摄像机等。

(2) 视频、控制信号传输系统,如模拟传输 + 数字传输方式等。

(3) 视频切换、控制系统,如视频矩阵、视频服务器、硬盘录像机等。

(4)显示、记录、存储系统,如显示器、大屏幕投影显示系统、录像机、硬盘录像机等。

2. 视频图像处理系统功能

(1)远程图像传输:各路监控中心将多路图像传输到省监控中心。图像采用 MPEG2 压缩标准,传输速率不低于 4Mb/s(以保证图像质量)。

(2)数字图像切换:图像切换控制功能通过视频局域网交换机、视频网络管理器,即可完成对路监控中心上传图像的切换控制功能。

(3)矩阵控制:对路监控中心矩阵的控制功能,可通过视频网络管理器以及各路监控中心的视频网络控制器实现对矩阵切换控制功能,比如选择上传路数,选择那几路图像上传等。

(4)摄像机控制:对外场遥控摄像机的控制,省监控中心可以通过视频局域网和各路监控系统实现对外场摄像机云台、镜头和防护罩进行远程控制。

(5)权限管理功能:提供安全完善的用户账号密码管理功能和严格的控制权限分级制度。只有经过授权、拥有账号密码的用户才能浏览或控制摄像机。

(6)视频服务功能:在省监控中心任一台具备权限的工作站均可以通过网络调用和查看各收费站上传的图像。

(7)用户管理功能:提供安全完善的用户账号密码管理功能和严格的控制权限分级制度。只有经过授权、拥有账号密码的用户才能浏览或控制摄像机。

 思考

在高速公路通信系统维护过程中,主要采用什么设备仪器进行日常维护?一般系统故障有哪些?如何进行故障的诊断与排除呢?

任务三 高速公路通信系统基本维护与管理

一、数字光纤通信系统维护管理

1. 数字光纤通信设备的特点

随着我国数字光纤通信设备的广泛使用,做好光纤通信设备的维护是当前通信工作中很重要的一项工作。数字光纤通信设备必须与整个数字光纤通信系统联系在一起。设备的工作正常与否是以其系统的畅通与否来体现的。因此,对于数字光纤通信设备的维护主要应考虑如何确保数字光纤通信系级的正常运行。

现在的数字光纤通信设备,作为一种产品,它参照了国际电联电信标准部门(简称 ITU-U)对数字通信设备关于故障情况与相应采取的各种措施,并结合数字光纤通信设备本身的特点采取了相应措施。为了维护好数字光纤通信设备,首先,要求数字光纤通信设备的维护人员必须要对所维护的设备(含配套的仪表)有充分的了解,切实掌握数字光纤通信系统的工作原理、技术性能、各种告警功能、各种告警引起的原因、各种基本数据与波形等,以便在发生故障时,迅速果断地判定故障的原因,及时排除故障,保证通信的正常运行。其次,在维护现场必须配备有必要的维护仪表。如数字光纤通信设备的专用仪表有光功率计(合稳定光源)(图 4-10a)、光纤熔接机(图 4-10b)。在有条件地方,应该配备有 OTDR 光时域反射仪,还有与数字通信设备通用的仪表有相应速率的示波器(图4-10c)、误码仪(图4-10d)等。

a)光功率接机　　b)光纤熔接机　　c)示波器　　d)误码仪

图4-10　光纤通信系统设备维护常用仪器仪表

2. 数字光纤通信设备维护

数字光纤通信设备的维护主要有两个方面:一是对数字光纤通信设备的定期检查与测试;二对数字光纤通信系统中出现的各种故障的处理。

(1) 数字光纤通信设备的故障检测

根据传统的通信设备的维护方法,并结合数字光纤通信设备的特点,对于数字光纤通信设备的电接口的各项指标,在数字光纤通信系统进入稳定工作状态以后,在一段时间以内,甚至在设备的有效工作期间,一般可以免于测试。在光纤通信设备维护中需要处理的系统故障主要有以下几种:

①光端机(或光中继机)面板上所显示的故障告警。面板上所显示的故障告警,如电源故障、PCM 中断、发无光、收无光、帧失步、误码率大于等于 10^{-3},(或 10^{-6})、LD 寿命告警以及收到的 AIS(远端告警)。

②数字复用设备所显示的故障告警。用设备所显示的故障告警,如电源故障、电源变换器故障、支路输入信号消失、群路输入信号消失、帧失步、收到对端的告警、群路收到 AIS。

③PCM 基群复用设备所显示的故障告警。PCM 基群复用设备所显示的故障告警如电源故障、电源变换器故障、基群输入信号中断、帧失步、误码率超限、收到对端告警、收到基群 AIS、64kbit 数据中断。

(2) 数字光纤系统设备维护方法

①设备出现故障产生的原因和出现故障部位的准确判定。这种故障判定的主要根据是设备中所设置的各种告警指示,其中有的故障可能很容易找到,而有的则需要从多个告警指示中进行综合分析才能确定故障出现在什么地方。

②分段负责方式设置故障告警设备。在设备故障出现的范围内,可以先以上游的故障着手处理。如在同一条光传输线上,光接收机无光告警,如果上游的光发送出同时出现天光告警,则应考虑故障可能出在光发送盘上;而不必在光接收盘上或在光纤线路上去花时间。

③故障原因的分析,根据影响范围的大小,采取不同故障定位方法。在分析、处理故障的过程中,采用系统环路故障定位法、光端机中的系统分割法和中继机中的系统与方向相结合的分割法,要清醒地了解系统监控的工作状态。否则,不但影响对故障的分析,而且可能因操作不慎而影响甚至中断正常的通信。

④对具体故障分析相处理必须参照相应的设备使用说明书。根据光纤通信设备特点,一旦确定系统故障是因某个机盘(或插件)的故障所引起,快速有效的故障排除方法,更换故障机盘(或插件)。对于被更换下的故障机盘,要根据实际情况尽快处理,既可由数字光纤通信设备的维修中心修复,也可联系设备厂家进行保修。

二、程控交换系统的维护管理

程控交换机的管理和维护具体分为机房的管理及维护和设备的管理及维护两个方面。

1. 机房的管理和维护

机房的管理和维护的主要内容有电气环境、温湿度、防尘、防火、防鼠等方面。电气环境要求主要是指防静电要求和防电磁干扰等。

(1) 防静电要求

程控交换机内部电路采用了大量的半导体 MOS,CMOS 等器件。由于这类器件对静电的敏感范围为 25~1000V,而静电产生的静电电压往往高达数千伏甚至万伏以上,这样高的静电电压足以击穿各种类型的半导体器件。由静电引起的故障可以涉及到交换机的各个部位,严重时还可造成交换机整个系统的瘫痪。因此程控用户交换机机房应该铺设抗静电活动地板,地板支架要可靠地接地;墙壁应做防静电处理,机房内不可铺设化纤类地毯;工作人员进入机房内要穿防静电服装和防静电鞋,避免穿着化纤类服装进入机房。交换机柜门平常应关闭,工作人员在机房内搬动设备和拿取备件时动作要轻,并尽量减少在机房内来回走动的次数,以免物体间运动摩擦产生静电。

(2) 防电磁干扰

程控交换机临近用电设备产生的电磁辐射和其他电干扰,对程控用户交换机的硬件和软件都有可能造成损害,程控交换机本身产生的电磁辐射,也会对临近的电子设备产生影响。因此,程控交换机设备在安装时,应与临近的用电设备保持一定的距离,必要时机房应采取屏蔽措施,以免临近电子设备之间相互产生干扰。程控交换机的机外布线最好与火线交叉通过,并尽量避免长距离靠近并行。

(3) 温湿度要求

程控交换机对机房的温度有着较高的要求。温度偏高,易使机器散热不畅,使晶体管的工作参数产生漂移,影响电路的稳定性和可靠性,严重时还可造成元器件的击穿损坏。程控交换机在长期运行工作期间,机器温度控制在 18~25℃较为适宜。程控交换机机房内不要安装暖气并尽可能避免暖气管道从机房内通过。

湿度对程控用户交换机的影响也很大。空气潮湿,易引起设备的金属部件和插接件管部件产生锈蚀,并引起电路板、插接件和布线的绝缘降低,严重时还可造成电路短路。空气太干燥容易引起静电效应,威胁程控交换机的安全。为了保持程控交换机机房的相对湿度符合标准,可配置加湿器或者抽湿机。

(4) 防尘要求

电子器件、金属插接件等部件,如果积有灰尘可引起绝缘降低和接触不良,严重时还会造成电路短路。

(5) 防火要求

必须配备相应的消防灭火的设备,对机房人员进行设备的使用培训,不能将其当成摆设。

(6) 防鼠要求

将电缆的进出口用油泥封死,在不同的位置放置一些老鼠粘,定期对其进行检查。

2. 硬件的管理维护

程控交换机在正常运行工作时,其印刷电路板和接插件等部件是不能随便触动的。因此,维护人员对程控交换机硬件的日常管理和维护主要是除尘保养和技术维护。技术维护就是维护人员对程控交换机的硬件部分进行日常观察和定期检测。发现问题及时排除。其主要工作内容如下:

(1)定期检测交换机的地线和保安设施,使之符合要求。
(2)检查维护终端、话务台、计费器等设备的工作状态,解决存在问题。
(3)根据告警信息的提示,及时对可疑部件进行检测和维修。
(4)根据工作需要调整电路板的位置。
(5)更换有故障的电路板和部件。
(6)及时更换打印机的色带和纸张。
(7)检查交换机的进出线,及时更换老化和破损线。
(8)及时对维护终端、计费器、话务台进行软件杀毒,保护主机和软件的安全。

3. 软件的管理和维护

程控交换机的软件管理和维护内容如下:
(1)增删和修改数据。
(2)定时运行诊断程序检测其工作状态。
(3)及时拷贝和打印数据库资料,并做好保管工作。
(4)做好软件的防病毒和杀毒工作。

三、紧急电话系统维护管理

高速公路紧急电话系统是为行驶在高速公路上的事故或故障车辆提供紧急救助的工具,其功能特点:一是使用户与紧急求助部门取得联系;二是自动确定呼叫者的位置。紧急电话的维护主要包括:

(1)清洁紧急电话控制台外部灰尘,保持紧急电话系统控制中心设备及机房整洁。
(2)检查紧急电话系统自检结果。
(3)检查控制台外部接口与各设备之间的连接状况,断开市电,检查 UPS 切换是否正常。
(4)每月巡检一次路侧紧急电话机,主要检查机箱内是否有虫鼠害,密封性能,外壳接地是否牢固,门锁、按键是否完好。检查电话机的送、受话音质,电池供电电压是否正常,线路板是否受潮腐蚀。
(5)检查紧急电话电缆接头部分和接线盒,保证电缆在紧急电话接线盒内的连接固定牢固,外观无破损、无虫害,发现问题及时处理。
(6)检查紧急电话电缆管道、电缆沟、管箱、钢管、槽、人井、手井等是否损坏,井盖、槽盖等是否丢失损坏。
(7)每季度对紧急电话机进行一次声音声压级、待机耗电的电气性能检测,并检查避雷器是否完好。
(8)清洗电话外部灰尘,保持太阳能电池板的清洁。
(9)检查机房电缆进线配线箱避雷器是否完好。
(10)检查数据库记录完整性,包括电话编号(里程桩号)、事件录入记录、通话录音等内容。
(11)紧急电话防雷地网的检测。

四、光传输、接入设备常见故障与处理

1. 设备常见故障

（1）光缆线路故障，主要包括光缆线路中断，光缆线路总衰耗过大等。

（2）尾纤故障，包括尾纤断，尾纤弯曲半径过小，法兰盘接头有灰尘及尾纤头脏等。

（3）单盘故障，包括线路板、2M 板、时钟板、交叉板、主控板等器件损坏，由于环境、温湿度等影响板子正常工作等情况。

（4）电缆故障，包括 2M 电缆中断，DDF 架侧 2M 接口输入/输出端口脱落或松动而造成的接触不良及 VDF 架卡线松动等。

（5）电源系统故障，包括交流停电，设备直流掉电及熔断器故障等。

（6）网管系统故障，包括网管与设备之间的网线故障或系统异常而造成的 ECC 通道中断，死机等情况。

2. 故障排除常用方法

（1）告警性能分析法

通过网管获取告警和性能信息，进行故障定位。可以全面、翔实地了解全网设备的当前或历史告警信息；也可通过机柜顶部指示灯和单板告警指示灯来获取告警信息，进行故障定位。一般告警灯常有红、黄、绿三种颜色，红色表示紧急告警及重要告警，黄色表示次要告警及一般告警，绿色表示系统正常运行。

（2）环回法

环回有多种方式，如内环回与外环回、远端环回与本地环回、线路环回与支路环回等。进行环回操作时，首先应进行环回业务通道采样，即从多个有故障的站点中选择其中一个站点，从所选站点的多个有问题的业务通道中选择其中一个业务通道；然后画出所采样业务的一个方向的路径图，图中要标出该业务的源和宿及所经过的站点、所占用的 VC4 通道和时隙等；最后逐段环回，定位故障站点及单板。

（3）替换法

替换法就是使用一个工作正常的物体去替换一个工作不正常的物体，从而达到定位故障、排除故障的目的。这里的物件可以是一段线缆、一个设备、一块单板、一块模块或一个芯片。替换法适用于排除传输外部设备的问题，如光纤、中继电缆、交换机、供电设备等；或故障定位到单站后，用于排除单站内单板或模块的问题。

（4）配置数据分析法

查询、分析设备当前的配置数据，如时隙配置、复用段的节点参数、线路板和支路板通道的环回设置、支路通道保护属性等，分析以上的配置数据是否正常，来定位故障。若配置的数据有错误，需进行重新配置。

（5）仪表测试法

仪表测试法指采用各种仪表，如误码仪、光功率计、光时域反射仪、SDH 分析仪等来检查传输故障。如用 2M 误码仪测试业务通断、误码；用万用表测试供电电压，检查电压过高或过低问题。

（6）经验处理法

在一些特殊的情况下，通过复位单板、单站的掉电重启、重新下发配置等手段可有效及

时的排除故障、恢复业务。但建议此方法应尽量少用，因为该方法不利于故障原因的彻底清查。遇到这种情况，除非情况紧急，一般还应尽量使用上述介绍的方法，或请求支援尽可能地将故障定位出来，以消除设备内外隐患。

3. 光传输系统常用维护

光传输系统的维护，包括光缆设备、电源、配线架等附属设备的维护。具体要求如下：

(1) 保证设备工作条件，包括供电条件、环境条件等。传输设备工作的直流电压为 $-48V \pm 20\%$，允许的电压范围是 $-38.4 \sim -57.6V$。

(2) 对系统故障进行判断和处理，根据故障现象和告警指示，利用监控系统进行故障定位，找出故障原因，在最短时间内排除故障。

(3) 通常采用集中维护方式，建议成立维护中心，将维护人员和必要的维护仪表集中在一个主要站，设备少的站可不设日常值班人员，避免人为造成故障。

(4) 故障处理一般是换盘而不提倡修盘。因为一般盘中采用了大规模集成电路，要修盘必须有专用器件和专用仪表，并且比较困难。因此建议维护时，只确定故障机盘，换上备盘后，将坏盘送回厂家维修。

(5) 光纤不允许小角度弯折，光连接器不能经常打开。

(6) 网管监控系统和本地维护终端用的计算机是专用设备，禁止挪用，以免病毒侵害。

(7) 在操作机盘时，必须戴上防静电手腕，且该防静电手腕必须有良好的接地。

(8) 当设备运行中发生故障需要更换机盘时，操作人员必须戴上防静电手腕，拔出的机盘应马上装入防静电塑料袋，对需要送出修理的机盘，还应加装防振包装，以免进一步损坏其他元器件。

(9) 处理光接口信号时，不得将光发送器的尾纤端面或其上面的活动连接器的端面对着眼睛；并注意尾纤端面和连接器的清洁。

(10) 熟练掌握所维护传输设备的基本操作。

(11) 熟悉掌握所维护的情况。如组网拓扑情况、保护属性、业务分配情况、时隙配置情况等。

五、新技术在高速公路通信系统中应用

高速公路通信系统是高速公路现代化管理的支撑系统，它要实现监控系统和收费系统的数据、语音和图像等信息准确而及时的传输，保持高速公路各管理部门之间业务联络通信的畅通，并要为高速公路内部各部门和外界建立必要的联系；同时高速公路通信系统作为交通专用通信网的重要组成部分，是交通信息的主要传输载体，为各种网络服务（如 intranet、internet）及会议电视系统提供传输通道。

随着计算机技术、网络技术和通信技术的迅速发展，高速公路通信技术也从简单的无线对讲系统发展到 800Mhz 无线集群系统，从小容量微波通信发展到 SDH 系列数字光纤传输系统，从单纯的电话业务发展到包括语音、数据和图像等多种信息的综合通信，并从模拟通信向数字通信演变，开始组建先进的宽带综合业务数字（B – ISDN）通信系统。

进入"十二五"以来，我国的高速公路建设发展非常迅速，高速公路网正在逐步形成。在某些高速公路建设发达的省份已经开始着手进行区域内高速公路网交通机电工程（通信、收费、监控）的方案论证及工程实践。这样，高速公路通信系统已开始从单条路的内部通信向路网环境的广域通信转变，其组网技术也会有很大区别。

1. SHD 技术

同步数字体系（Syschronous Digital Hierarchy，简称 SDH）传输系统是在 PDH 准同步数字体系（Plesiochronous Digital Hierarchy）系统的基础上发展起来的，是目前国内外广泛应用的成熟的光纤传输技术。基于 SDH 技术的高速公路通信系统通过利用"交换+SDH+接入网技术"能把高速公路通信系统中的多业务融入到一个传输平台。但是其网络构成复杂，除传输平台之外，还需很多的附加设备，如收费计算机网络要外接路由器；对于视频需外接编解码器和切换器、分配器；对于电话和低速数据需要外接时隙分割器。

2. ATM 技术

异步传输模式（Asynchronous Transfer Mode，简称 ATM）是一种全新的网络技术，1991年，ATM 被 itu–t 确认为宽带综合业务数字网（b-isdn）的传送模式。ATM cell（信元）、ATM vc（虚连接）和 ATM switch（交换）构成了 ATM 的三大技术基础。ATM 技术已是一个拥有标准化的技术细则、成熟可靠的多媒体通信网络的全球标准。ATM 以其高带宽、低延时和适应性强等特点已成为新一代网络技术的代表。ATM 交换网络结构如图 4-11 所示。

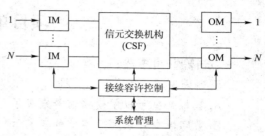

图 4-11　ATM 交换网络结构图

随着 ATM 的迅速发展，ATM 不但大量被作为骨干网技术，而且可以经济地支持端到端的连接。因此从以上分析可以看出，ATM 技术最适合于作为高速公路通信系统及其联网的技术。

3. IP 技术

随着 Internet 网络规模、用户数量以及业务量呈现指数增长，IP 技术异军突起，几乎成了未来信息网络的代名词。目前 IP 技术主宰了几乎所有的数据业务，而且正在向话音、视频领域扩展，IP 电话（IP phone）、IP 传真（IP fax）、电视会议、可视电话和点播电视（vod）等多媒体和宽带通信业务也将加入到 Internet 上来，大有 Everything on IP 之势。IP 是位于开放系统互联（Open System Interconnection，简称 OSI）七层模型的网络层（Network layer）上，即第三层技术。IP 技术面向无连接、屏蔽了不同网络的底层实现，采用统一的地址格式和协议，使得异种网络互联只要在 IP 层取得一致即可交换信息。IP 交换技术在不同类型的网络之间进行交换，主要数据交换方式如图 4-12 所示。

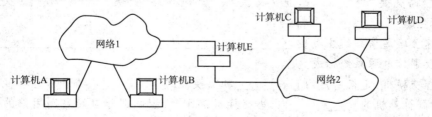

图 4-12　IP 交换技术原理图

此外，卫星定位系统、数字地图技术、GIS 等相关通信技术在我国的高速公路建设、运营、管理当中现在已普遍采用，并很好实现了各项技术的相互融合，从而推动了高速公路智能化的发展速度。尤其现代通信技术中的卫星定位系统、数字地图技术运用到现代高速公路中来，保持了高速公路各管理部门之间的通信快捷顺畅，并将高速公路的内部各部门和外界密切的联系起来。作为交通运输专用的通信网络中重要的组成部分,作为交通运输信息的传输载体,现代通信技术为各种网络服务和高速公路中重要发展提供了重要的原动力。

 实训任务 1

老师的指导下训练通信介质光纤的焊接操作过程。

 实训任务 2

在老师的指导下参观高速公路收费站,并根据实际情况绘制通信系统拓扑图,编制高速公路收费站通信系统建设方案。

项目单元测试

一、选择题(可多选)

1. 下列说法正确的是(　　)。
   A. 模拟数据可以用模拟信号来表示　　B. 模拟数据也可以用数字信号来表示
   C. 数字数据可以用数字信号来表示　　D. 数字数据也可以用模拟信号来表示
2. 数据通信系统模型由(　　)三种设备组成。
   A. 数据终端设备　　B. 数据电路　　C. 程控交换机　　D. 计算机系统
3. 下列说法正确的是(　　)。
   A. 单工传输方式只有一个方向的数据传输
   B. 半双工可以有两个方向的数据同时传输
   C. 在 7 类双绞中只有全双工传输方式
   D. 5 类或超 5 类双绞上只能进行半双工传输
4. 下面说法正确的是(　　)。
   A. "传输速率"就是通常所说的"传输带宽"
   B. "传输速率"是指信道中所能承受的最大带宽
   C. "传输带宽"就是信道中所能承受的最大"传输速率"
   D. 以上说法均不正确
5. 下列数据交换方式中,线路利用率最高的是(　　)。
   A. 电路交换　　B. 报文交换　　C. 分组交换　　D. 延迟交换

二、填空题

1. 高速公路通信系统主要由_____、_____、_____移动通信系统以及通信电源系统构成。
2. 程控交换机,是将用户的_____和交换机的_____、维护管理功能预先变成程序,存储到计算机的_____内,当交换机工作时,控制部分自动监测用户的状态变化和所拨号码,并根据要求执行程序,从而完成各种交换功能。
3. 数据通信是计算机与计算机或计算机与终端之间的通信。它传送数据的目的不仅是为了_____,更主要是为了利用计算机来_____。可以说它是将快速传输数据的_____和数据处理、加工及存储的相结合_____,从而给用户提供及时准确的数据。

4.在数据通信中,有4个指标是非常重要的,它们就是_____、_____、传输时延和误码率。

5.数据通信中的"时延"包括_____、_____和_____三个部分,而计算时延带宽乘积的公式为_____。

6.数据同步的目的是使接收端与发送端在时间基准上一致(包括开始时间、位边界、重复频率等)。目前主要有三种同步方法:_____、_____、_____。

7.光纤通信系统是以光为载波,利用纯度极高的玻璃拉制成极细的_____作为传输媒介,通过_____,用光来传输信息的通信系统。

8.高速公路是_____紧急救援的专用通信工具。当高速公路发生交通事故和突发灾害时,主要为道路使用者提供紧急报警电话。

9.高速公路视频监控系统包括道路和收费站 CCTV 监控系统。_____主要用于对收费车道和对收费业务的监视,保证收费系统正常工作;_____主要是用来对立交、桥梁、隧道以及特殊路段等进行监控。

10.程控交换机的管理和维护具体分为机房的管理及维护和设备的管理及维护两个方面。机房的管理和维护的主要内容有:_____、_____、_____、_____、防鼠等方面。

三、简述题

1.数据分为模拟数据和数字数据,两者主要的区别有哪些?
2.什么是程控数字交换系统?有什么特点?
3.简述光纤通信设备的主要系统故障。
4.高速公路通信网是一个符合高速公路业务特点的多媒体专用通信网,应该具备哪些特点?
5.简述光缆线路故障定位及排除的常用方法。

项目五　高速公路供配电系统维护管理

　知识目标

1. 了解高速公路供配电系统概述、系统组成及功能；
2. 掌握直流供配电和交流供配电系统基本概念；
3. 掌握高速公路供配电系统供配电方式；
4. 掌握高速公路供配电电力线路的结构与敷设；
5. 熟悉供配电系统常见设备与维修方法。

　技能目标

1. 会描述高速公路供配电系统的组成及功能；
2. 认知高速公路供配电系统典型设备及设备连线；
3. 熟悉高速公路供配电设备常见故障诊断与排除方法。

　项目引入

高速公路供配电系统是为高速公路沿线设施（如高速公路收费、监控、通信等系统设备、养护服务设施及道路照明）服务，以安全、合理和可靠性为前提确保并最大限度的发挥高速公路的安全、通畅、经济、快速、舒适等综合效益。本项目主要介绍在高速公路供、配电系统设计、维护和管理相关的基础知识和基本技能。

　知识支撑

　思考

高速公路供配电系统是如何构成的？主要供配电方式有哪些？系统的电力线路如何敷设？供配电系统中设备常见的故障有哪些？如何排除这些故障？

任务一　高速公路供配电系统概述

高速公路供配电系统是供电系统和配电系统的合称，是为高速公路沿线设施（如监控、通信、收费系统设备、养护服务设施及道路照明）服务的，主要目的在确保其用电的安全、合理和可靠性，确保高速公路安全、通畅、经济、快速、舒适等综合效益最大限度地发挥。

一、基本概念与专用术语

高速公路供配电系统是采用集中或相对集中供电，所用电源从发电厂或从附近地区的高压电网引出 10kW 或 35kW 高压送至高速公路自己的变电所，用低压变压器产生 220V 或 380V 的供电电压，然后再由低压配电屏及输电线送至有关用电设备，如图 5-1 所示。

高速公路所用电能,除了少数外场监控设备外,绝大部分都是交流电。有些外场设备所用直流电也是利用整流设备,把交流电转变为所需直流电。

一般供配电设计时主要考虑因素有:负荷等级确定,负荷计算,功率因数提高,供配电的继电保护。

1. 负荷等级确定

根据供配电系统的负荷(供电可靠性、中断供电在社会上所造成的损失或影响的程度)确定基本方案。

图5-1　高速公路供配电系统

（1）一级负荷。需要两个电源的供电,还应有应急电源,以保证不会中断用电。如重要交通枢纽、重要通信枢纽、重要宾馆、大型体育场馆、经常用于国际活动的大量人员集中的公共场所等用电单位中的重要电力负荷。

（2）二级负荷。要求有两个回路供电,每一回路最好来自不同的变电所。如主要设备损坏、大量产品报废、连续生产过程被打乱需较长时间才能恢复、重点企业大量减产等。

（3）三级负荷。无特殊要求。

2. 负荷计算

为了合理地选择供电系统中的导线、开关电器、变压器等元件,使电器设备和材料得到充分利用和安全运行。电力计算方法有:需求系数法;二项式法;利用系数法。

3. 功率因数提高

变压器、感应电动机、电力线路等电力设备,除从电力系统吸取有功功率外,还要吸取无功功率。无功功率仅完成电磁能量的相互转换,并不做功。无功和有功同样重要,没有无功,变压器不能变压,电动机不能转动,电力系统不能正常运行。但无功功率占用了电力系统发电设备提供有功功率的能力,同时也增加了电力系统输电过程中的有功功率的损耗,导致用电功率因数降低。

功率因数是电力技术经济中的一个重要指标。提高功率因数意味着:

①提高用电质量,改善设备运行条件,保证设备在正常条件下工作,有利于安全生产。

②节约电能,降低生产成本,减少企业的电费开支。例如:当 $\cos\varphi = 0.5$ 时的损耗是 $\cos\varphi = 1$ 时的4倍。

③提高企业用电设备利用率,充分发挥企业的设备潜力。

④减少线路的功率损失,提高电网输电效率。

⑤因发电机容量的限定,提高功率因数将意味着让发电机多输出有功功率。

⑥提高功率因数。

⑦提高供电设备的利用率。

⑧减少线路上的能量损耗。

4. 供配电的继电保护

主要有短路保护、过流保护、漏电保护、防雷保护等。

二、高速公路供配电系统主要供电对象

1. 照明系统

高速公路隧道照明系统是根据人的视觉特点和高速公路交通状况所设计的。当驾驶员

从高速公路隧道外驶进高速公路隧道内时,由于高速公路隧道内外的亮度差别极大(通常相差几百到几千倍),从高速公路隧道外部看照明很不充分的高速公路隧道入口时,就会产生黑洞效应。黑洞效应使行驶着的驾驶员通过高速公路隧道时存在极大的危险性,甚至会导致严重的交通事故。因此,在设计高速公路隧道照明系统之前,首先应该了解高速公路隧道对行车视觉产生的4种不同现象,即进入高速公路隧道前的视觉现象、即进入高速公路隧道后立即出现的视觉现象、高速公路隧道内部的视觉现象和高速公路隧道出口处的视觉现象。根据这4种不同的视觉现象,分别设计相应的人工照明,使路面的亮度达到必要的水平。长及特长高速公路隧道的照明一般可以分为引入段、适应段、过渡段、基本段和出口段。

2. 通风系统

高速公路隧道通风系统主要是为了降低洞内一氧化碳和烟雾浓度,提高高速公路隧道洞内可见度,保证车辆安全、顺畅通行,特别是在火灾事故中,通风系统可及时排出烟雾,保证人员和车辆顺利疏散和救援。通风系统的供电主要是指射流风机或轴流风机的供电。

3. 消防系统

高速公路隧道消防系统主要以水消防为主,辅以化学消防。对于大型高速公路隧道,一般采用两端高位水池保持一定管压供水(火灾初期)和消防水泵后期补水的方式进行消防水系统的配置和设计。消防系统的供电主要是指水泵和维修设备的供电。

4. 监控系统及其他用电

高速公路监控系统目的主要是针对高速公路内偶发事故的及时发现与处理,使系统可迅速感知事故发生的地域、类型,解决因偶发事故而产生的交通阻塞现象。高速公路监控系统主要由计算机控制系统、闭路电视系统、交通信号控制系统、火灾报警系统等组成。监控系统的供电主要是指对上述各种监控设备的供电。

三、高速公路供配电系统

1. 高速公路供配电系统结构

供配电系统结构如图5-2所示。

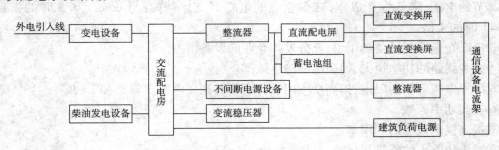

图5-2 供配电系统结构图

从结构图分析可知,当外电停电或出现故障不能正常供电时,则由自备柴油发电设备发电供电;通信设备所需的直流电源,一般由整流器、蓄电池组和直流配电屏等设备组成。有时还设置直流变换器等电压变换设备,共同组成稳定可靠的直流供电系统。当通信设备需要交流电而不允许中继供电时,则需要设置交流不间断电源,一般由交流的主备用电源和直流电源加逆变器组成。

正常供电:变电、配电。

变电:通常在各收费站、隧道口建设有高压和低压配电房;各种配电箱和配电柜。
配电:沿线布设电缆管道及各种电力电缆、控制电缆。
高速公路收费站供电系统图如图5-3所示。

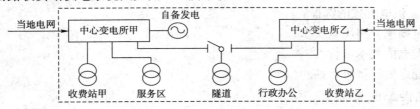

图5-3 高速公路收费站供配电系统图

2. 高速公路供配电系统组成

高速公路供配电系统由外供配电线路、高压开关柜、低压开关柜、紧急供电直流柜和紧急备用电源等组成。

(1)外供配电线路(架空线或高压电缆)。将当地电网的6~10kV高压交流电源,传输给各站区变电房。

(2)高压开关柜。装有真空断路器或稀有气体的断路器,用来控制10kV高压传输,具有断路保护、过流保护、高压计量等功能。

(3)低压开关柜。用以控制220/380V交流电源电压输出到各不同低压负载(如通风风机、照明灯具、收费监控设备、水泵房设备等)

(4)紧急供电直流柜。供给控制线所必需的直流电源。

(5)紧急备用电源。柴油发电机、UPS备用电源。

3. 高速公路供配电负荷分类与供电要求

根据《高速公路设计规范》中的规定及要求,高速公路通风、照明、通信、监控等重要电力负荷为一级负荷,应由两路电源供电,同时还应设置独立的备用电源和应急电源。高速公路供电系统维护设计必须执行国家技术经济政策,做到保障人身安全、供电可靠、电压质量好和技术经济合理。系统维护结构简单并有一定的灵活性,操作安全、检修方便。制定供电系统维护方案时,还要充分考虑节省基建投资,减少电能损耗,降低运行费用,减少有色金属消耗量。此外系统维护还要考虑到负荷的增长,预留必要的发展余量。

高速公路供配电系统的设计可分为:沿线设施供配电及重点区域道路照明供、配电。

沿线设施供配电包括:管理机构设施、养护设施、服务(休息)设施的办公、生活用电。用于交通工程管理的监控设备、通信设备、收费设备及计算机系统设备等对电源的稳定性和可靠性有较高的技术要求,原则上此类设备的供电电源按一级用电等级配电。其他用电负荷可按二级用电等级配电。

重点区域的照明包括:收费区域、服务区、停车区内的道路照明,收费天棚照明和互通立交的道路照明,都用电负荷原则上按二级用电等级配电。

4. 高速公路供配电系统特点

(1)高速公路路线长,集中配电造成难度。

(2)用电点多,且负荷量小而且分散。

(3)有些外场设备要求直流供电,且功率小。

(4)外场设备对供电的质量要求较高,需专线供电。

四、高速公路供配电方式

高速公路就近取电——取自城乡的农业或民用电高速公路的集中供电——取自附近的高压供电干线网。供电方式的选择：
(1) 满足高速公路用电要求；
(2) 供配电的技术可行性；
(3) 供配电的经济可行性。

1. 交流供配电系统

(1) 高压供配电
① 配电电压是指变电所高压侧的配电设置，高压电源由附近高压网引入。
② 考虑因素：用电区域的范围、用电设备电压的高低、用电负荷的大小、分区域等。
③ 高电压输送，应考虑输送功率与输送距离的影响。
④ 一般为 10kV 或 6kV。

(2) 高压配电方式
放射式如图 5-4 所示。树干式如图 5-5 所示。

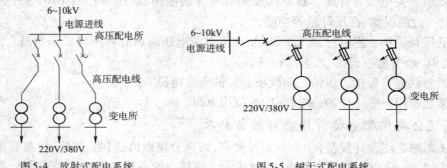

图 5-4　放射式配电系统　　　　图 5-5　树干式配电系统

(3) 低压供配电
低压供配电系统电压要求为 220V/380V 或 660V，更多的情况下用 660V 电压。此种电压特点为：
① 减少远距离电压输送造成的线路电压损耗，提高负荷端的电压水平。
② 降低线路有色金属消耗量的前提下，增加配电半径和减少线路的电能损耗。
③ 提高低压供配电电压，可提高供电能力，减少变电点，使配电系统得以简化，具有明显的经济效益。

(4) 低压配电方式
低压配电有放射式、树干式和变压器干线式等三种。各种配电方式连接如图 5-6 ~ 图 5-8 所示。

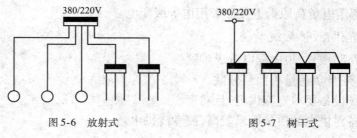

图 5-6　放射式　　　　图 5-7　树干式

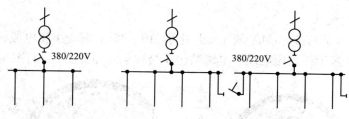

图 5-8 变压器干线式

2. 直流供配电系统

(1) 直流供配电对象

直流供配电主要是向管理系统中的直流设备供电,同时还用于供配电系统自身操作电源的供电。如监控系统中的外场车辆检测器,信息显示、指示器,通信系统中的紧急电话系统等。

(2) 直流供配电系统组成

直流供配电系统由整流器、滤波器、储能器、充电回路、电压变换回路等组成。

(3) 直流供配电系统组成

直流供配电系统分为带电容直流储能装置的直流系统和带铬镍电池组的直流系统。

① 整流装置。对一般工业用的整流器,其直流输出额定电压不应小于直流用电设备最高工作电压的 1.05 倍。对充电用的整流器,其直流输出电压一般不宜低于蓄电池组额定电压的 1.5 倍。常见整流装置如图 5-9 所示。

② 储能装置。要求如下:

蓄电池组:对蓄电池组容量的选择,应保证变、配电保护装置供电要求,同时还应保证应急装置的短时供电要求。

a. 对蓄电池组的输出电压应设电源电压表及电流表进行监视。

b. 对蓄电池组的接线应设置自动控制充电和防止过充电的保护装置。

图 5-9 硅整流器

c. 保证蓄电池组在 0~40℃ 的环境温度下正常工作。

储能电容器:用电容作为储能元件,主要是利用电容的充放电原理。

电容的主要作用:在系统正常工作时,并联在保护回路中的电容由系统充电,达到一种饱和状态。当系统供电下降或停止时,继电保护装置靠电容放电产生保护作用。

3. 电力线路与敷设

(1) 电力线路构成

① 架空线路的组成如下:

a. 导线—裸线和绝缘导线;

b. 电杆、横担和拉线;

c. 线路绝缘子。

② 架空线路的敷设如下:

a. 敷设的要求和路径的选择;

b. 导线在电杆上的排列方式;

c. 架空线路的挡距、弧垂和线间距离。

（2）电力线路结构

在电力电缆领域内：1~10kV 属于低压电缆，10~35kV 属于中压电缆，110~220kV 属于高压电缆，500kV 属于超高压电缆。电缆结构及结构示意图如图 5-10、图 5-11 所示。

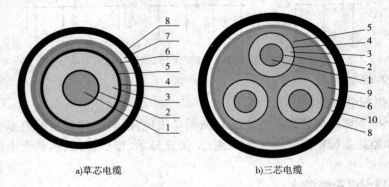

a）单芯电缆　　　　b）三芯电缆

图 5-10　电缆结构图

1-导体线芯；2-内半导电屏蔽；3-绝缘层；4-外半导电屏蔽；5-金属屏蔽；6-内护层；7-钢丝铠装；8-外护层；9-填充料；10-金属铠装

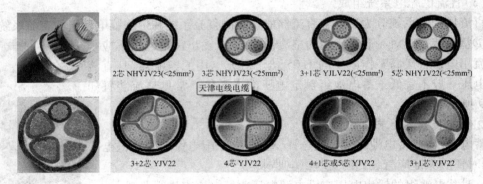

图 5-11　电缆结构示意图

（3）电缆敷设

电缆的敷设方式有直接埋地和电缆沟敷设两种。

电缆敷设路径的选择要注意导体和电缆界面的选择，输电线路的电磁干扰。

 思考

高速公路供配电系统日常维护工作主要有哪些？线路维护的主要方法和内容有哪些？供电线路常见故障有哪些？如何排除？

任务二　高速公路供配电系统维护管理

一、架空线路维护

高速公路机电系统的外供电通常可在当地供电网络，通过与当地供电管理部门协调，由附近变电站到负载点之间，架设 6~10kV 电压的专线供电。由当地供电网络将电能传输至高速公路各站点，通常采用架空线路或铺设电缆两种形式供电。在广大的农村输电线路大多采用架空线路，以降低输电线路建设的投资。

1. 架空线路维护原因

(1)机械负荷,电气负荷,风、雷、雨、雪的侵扰等原因架空线路需要不定期去检查与维护。

(2)线路上的设备和元件会逐渐老化、变形以致损坏,使线路的电气强度与机械强度逐渐降低,不能保持原计划的要求,因此需要进行维护。

(3)线路上不断出现的各种缺陷,要由运行管理部门在经常性的巡视、检查、测试中发现,并通过大修和日常维护加以消除。

2. 架空线路巡检方法

(1)定期巡检

由专职巡检员进行,掌握线路的运行状况、沿线环境变化情况,并做好护线宣传工作。

(2)特殊性巡检

在气候恶劣、河水泛滥、火灾和其他特殊情况下,对线路的全部或部分进行巡视或检查。

(3)夜间巡检

一般在线路高峰负荷或阴雾天气时进行,检查导线接点有无发热打火现象,绝缘子表面有无闪络。

(4)故障性巡检

查明线路发生故障的地点和原因,并及时对故障进行排除。

(5)监察性巡检

由部门领导和线路负责技术人员进行,目的是了解线路及设备状况,并检查、指导巡线员的工作。

3. 架空线路巡检内容

线路巡检主要是检查沿线的灯塔、绝缘子、导线以及防雷器等有关器件与设施。

(1)杆塔维护

①杆塔是否倾斜,铁塔构件有无弯曲、变形、锈蚀,螺栓有无松动,混凝土杆有无裂纹、疏松、钢筋外漏,焊接处有无开裂、锈蚀。

②基础有无损坏、下沉或上拔,周围土壤有无挖掘或沉陷,寒冷地区电杆有无冻鼓现象。

③塔位置是否合适,有无被车撞的可能,保护设施是否完好,标志是否清晰。

④塔有无被水淹、水冲的可能,保护设施是否完好,标志是否清晰。

⑤塔标志(杆号、香味警告牌等)是否齐全,明显。

⑥杆塔周围有无杂草和蔓藤类植物附生,有无危及安全的鸟巢、风筝及杂物。

(2)绝缘子维护

①瓷件有无脏污、损坏、裂纹和闪络痕迹。

②铁脚、铁帽有无锈蚀、松动、弯曲。

(3)导线

①有无断股、损伤、烧伤痕迹,在化工、沿海等地区的导线有无腐蚀现象。

②三相驰度是否平衡,有无过紧、松动现象。

③接头是否良好,有无过热现象(如接头变色,雪先融化等)连接线夹弹簧垫是否齐全,螺帽是否紧固。

④过(跳)引线有无损伤、断股、歪扭,与杆塔、构件及其他引线间距离是否符合规定。

⑤导线上有无抛扔物。
⑥固定导线用绝缘子上的绑线有无松弛或开断现象。
（4）防雷设施
①避雷器瓷套有无裂痕、损伤、闪络痕迹，表面是否脏污。
②雷器的绑定是否牢固。
③引线连接是否良好，与零相和杆塔构件的距离是否符合规定。
④各部附件是否锈蚀，接地端焊接有无开裂、脱落。
⑤保护间隙有无烧损、锈蚀或经物短接，间隙距离是否符合规定。
（5）接地装置
①接地引下线有无丢失、断股、损伤。
②接头接触是否良好，线夹螺栓有无松动、锈蚀。
③接地引下线的保护管有无破损、丢失，固定是否牢固。
④接地体有无外漏、严重腐蚀，在埋范围内有无土方工程。

二、电力线路维护

做好电缆的运行和维护工作，必须全面了解其敷设方式、结构布置、定向和电缆头位置。对线路作定期和不定期巡查，以防止电缆受外力破坏，避免终端头缺陷引起故障。除巡查外，应经常监视其负荷大小、发热情况及对电缆绝缘电阻和耐压作定期的预防性试验。

输电电缆的巡查，包括直埋电缆巡查、电缆头巡查、电缆沟管道的巡查。

1. 直埋电缆巡查内容
（1）电缆路径附近的地面是否正常，有无挖掘，有无堆放垃圾、矿渣、易燃易爆物及化学物品等。
（2）电缆路标是否完整无缺。
（3）对室外露出地面的电缆的保护管或角钢有无锈蚀、移位现象，固定是否牢靠。
（4）进入室内电缆的穿管是否封堵严密，有无进水现象。

2. 内外电缆及终端头的巡查内容
（1）清扫电缆沟，终端盒及瓷套管。
（2）检查终端盒内有无积水、空隙或裂缝等现象。
（3）检查终端头有无漏胶现象，如发现漏胶，应立即用沥青封口（或干封），绝缘胶不满时，应用相同绝缘胶添满。
（4）核对终端头引出线和线路的相位，并检查引出线接触是否良好，如发现有松动、断线现象，应停电修理。
（5）测定接地电阻，并用摇表测量电缆绝缘电阻。
（6）检查电缆支架有无松动或锈蚀现象，必要时应涂防锈油漆。
（7）检查电缆钢带是否完好，外护层脱落超过40%者，应全部剥光，并在钢带上涂防腐漆。
（8）检查电缆标示线是否下沉。
（9）检查靠近衬垫部分的单芯电缆的铝护层，是否有放电烧毁的痕迹。

3. 电缆沟及管道的巡查内容
（1）检查电缆沟及隧道管内有无积水，排水沟应通畅，清除淤泥杂物。

(2)检查隧道有无下沉、裂缝和漏水现象。
(3)检查电缆沟及隧道内的通风现象。
(4)检查沟、管内的电缆及终端盒情况,接头是否漏胶,接地是否良好。
(5)检查电缆沟内的支架是否牢固,是否有锈蚀现象。
(6)检查隧道口及电缆井的门锁。

以上巡视发现的问题应记入专用记录本内,较重要的异常情况,应及时上报,以便采取措施。

三、三相变压器维护

高速公路机电系统在隧道、收费站的变电站常用的电力变压器大多为三相变压器。三相变压器的维护应由专人负责日常维护,并进行定期维护、检修工作。

1. 三相变压器日常维护

(1)监视变压器是否定额运行,超差值是否在允许范围以内。
(2)变压器运行声音是否正常。
(3)观察储油柜油位,油面高不应低于油面线。
(4)观察油温是否超标,有色有无变化。
(5)检查是否有渗油、漏油现象。
(6)检查套管有无裂痕和放电痕迹及其他异常现象。
(7)接地线及其他附属设备的状况是否正常。

2. 变压器巡视检查与试验周期

三相变压器巡视和实验周期见表5-1。

三相变压器巡视项目与实验周期　　　　　表5-1

序号	项目	周期	备注
1	定期巡视	2个月至少1次	
2	清扫套管检查熔丝	6个月至少1次	
3	电流电压测量	每年至少1次	
4	绝缘电阻测量	每年1次	
5	工频耐压试验	必要时	
6	绝缘油耐压、水分试验	3~5年1次	有条件的也可做简化试验
7	匝、层间绝缘试验	必要时	新上、检修后必须做
8	变压器大修	10年1次	

四、供电线路常见故障及排除

供电线路常见故障主要有短路、断路和漏电三大类。

1. 短路故障

(1)故障原因:接线错误造成相线碰零线;电器、设备接线不好、接头相碰造成短路;用电器具、设备内部绝缘损坏等故障造成短路;灯头或开头进水或接线松动相碰短路;房屋失修或漏水造成相间或相地短路。

(2)排除办法:切断供电电源,检查出现短路现象线路的各类开关,确认开关工作是否正常，检查接线是否正确、牢固，是否有松动、碰线现象；检查导线是否有损坏现象。对于直埋电缆可切断一段，用表检测通断情况，以确定相线间、相地间是否有碰线情况；检查用电器具、设备接插部分线缆连接是否正确、稳固，有无线碰线情况；检查出现短路的设备是否损坏或造成绝缘击穿，造成短路。

2．断路故障

（1）故障原因：熔丝熔断，接头脱落，线缆断、开关损坏，接线端子腐蚀、用电设备损坏等。

（2）排除办法：切断供电电源、检查熔丝是否熔断；检查出现断路线路所有开关，使用表检测确定开关工作是否正常；检查接线是否牢固，有开接头脱落、腐蚀现象；检查导线是否有损坏现象。可使用万用表检测线路通断情况，以确定线缆是否断线问题；检查用电器具、设备接插部分线缆连接是否正确、稳固；检查也电器具、设备是否损坏造成断路。

3．漏电故障

（1）故障原因：因为电线或电气设备长期或使用，其绝缘老化、受潮或受法污染造成绝缘不良而漏电。

（2）排除办法：用仪表检测电设备是否存在漏电情况。如存在应对设备进行维修。并在线路加装漏电保护开关；检查维修老化线缆部分或更换局部或全部线缆。

4．变压器故障

（1）变压器常见故障主要有线圈老化、线圈有匝间、层间或段间短路、线圈崩坏、线圈端圈向铁崩散、1、2次线圈或线圈对绝缘电阻下降、1、2次线圈或线圈对地耐压击穿、运行中发热异常顶油温升超限、变压器内部声音异常、油色变换过甚、变压器自动跳闸、变压器着火等。

（2）由于变压器的维修属于供电部门管理范围，一般检测确认故障后，由供电部门负责故障维修。

**实训任务**

供电线路常见故障及排除方法描述。

五、接地与安全防护设置

1．电气设备接地和接零保护

（1）为避免设备绝缘漏电产生触电事故，对各类设备的金属外壳进行接地或接零，我们称为电气设备接地和接零保护。

（2）工作接地：为保证电气设备在正常和故障情况下能够可靠工作进行的接地，称为工作接地。工作接地电阻应小于 4Ω。

（3）保护接地：电气设备的金属外壳通过导线与接地体连接，称为保护接地或设备保护接地。保护接地适用于没有接地的供电线路。

（4）保护接零：一般低压电网采用的是三相四线制（中性点接地）供电系统，在这种供电系统中的电器设备金属外壳与零线连接，我们称为保护接零。保护接零后，如一向出现问题导致设备外壳带电，该相与零线之间会产生短路电流，它将迅速使该相保护电器（如熔断器、自动断路器等）动作，断开电源，消除设备外部带电状况，起到保护作用。

（5）在电器设备采取保护接零措施时，注意零线连接必须牢固、可靠。零线上不能增设一些开关等设备,防止出现零线断开状态。对于三相四线制的中性点不接地,不允许采取保护接零。在同一配电线路中,设备的保护接零方式应一致。不允许一部分设备接零、一部分设备保护接地。

(6)重复接地:在三相四线制供电线路零线在不同地点多次接地的方式称为重复接地。其作用是当零线断路情况下后面部分设备仍然能够通过零线与其他的地连接,减小触电的几率,零线断路时,重复接地能够起到三相电压平衡作用,也能避免因零线断而造成损坏设备。

2. 接地设施要求

接地设施是埋入地下的接地体通过线缆与供电系统连接。接地体的埋设有垂直埋设和水埋设。接地体一般采用长2.5m、管壁厚3.5mm的钢管或10mm。离地面0.8m垂直埋设于地下,顶端用截面积不小于100mm²的扁钢把各接地体连接起来。接地日常之间的间距一般为5m。接地电阻一般要求很小,各类情况下对接地阻值要求不同。

3. 安全防护

高速公路机电系统的工作环境中存在着许多电磁场,会影响系统正常工作,可能造成设备损坏和人员伤亡事件,如雷电、高压传输线路等。这些电磁干扰严重影响着设备的安全运行。目前,消除这些电磁干扰主要采用分流、接地、屏蔽、等电位和过电压保护等5种方法。

(1)分流

利用避雷针、避雷带和避雷网等将雷电流沿引下线安全地流入大地,防止雷电直接击在建筑物和设备上。

(2)屏蔽

计算机系统所有的金属导线,包括电力电缆、通信电缆和信号线均采用屏蔽线或穿金属管屏蔽,在机房建设中,利用建筑物钢筋网和其他金属材料,使机房形成一个屏蔽笼。用以防止外来电磁波(含雷电的电磁波和静电感应)干扰机房内设备。

①等电位连接(对不带电金属体)。将机房内所有金属物体,包括电缆屏蔽层、金属管道、金属门窗、设备外壳等金属构件进行电气连接,以均衡电位。

②接地。在高速公路机电系统的计算机网络系统中,为保证系统设备稳定可靠的工作、保护计算机网络设备和人身安全,解决环境电磁干扰及静电危害,将设备进行良好的接地。

③雷电浪涌过电压、配电系统开关过电压保护。在电子设备的信号线、电源线上安装相应的过电压保护器件(SPD),利用其非线性效,将线路上过高的脉冲电压滤除,保护设备不被过电压破坏。主要的保护器件有火花间隙、氧化锌压敏电阻等,可根据需要进行组合,形成完整的防过电压保护体系。

项目单元测试

一、选择题

1. 下列不是电光源特性的是( )。
   A. 额定功率　　　　B. 平均寿命　　　　C. 使用寿命　　　　D. 亮度
2. 不是灯具的安全性能的是( )。
   A. 力学性能　　　　B. 电性能　　　　C. 防尘、防水与防爆　D. 耐热

3. 不是供电系统的基本构成的是（　　）。
　　A. 高压变电　　　　B. 传输线路　　　　C. 低压配电　　　　D. 备用电源
4. 下列不是供配电线路常见故障的是（　　）。
　　A. 短路　　　　　　B. 断路　　　　　　C. 漏电　　　　　　D. 电线损坏
5. 不是断路的故障原因的是（　　）。
　　A. 接头脱落　　　　B. 线缆断　　　　　C. 接错线缆　　　　D. 接线端子损坏
6. 不是常见的变压器故障有（　　）。
　　A. 线圈老化　　　　B. 层间短路　　　　C. 线圈崩坏　　　　D. 线圈漏电
7. 不是安全防护的方法的是（　　）。
　　A. 分流　　　　　　B. 屏蔽　　　　　　C. 分压　　　　　　D. 接地
8. 不是接地系统日常检查的是（　　）。
　　A. 环境检查　　　　B. 接地检查　　　　C. 等电位连接　　　D. 线路检查

二、判断题

1. 百叶天棚是越接近洞口处应该越密，以尽量降低洞口的亮度，这样可以降低洞口内电光源的功率，节约能源。（　　）
2. 洞外设置的专门减光设施只有百叶天棚、植树两种。（　　）
3. 特大桥常作为道路景观，具有观赏价值，不需设置供夜间观赏的里面照。（　　）
4. 洞内悬浮颗粒吸收部分光能产生漫反射，使隧道内能见度降低。隧道内照明要适当提高亮度，增强人的视觉功能。（　　）
5. 立交结构复杂，道路起伏大，迂回盘旋多，分流、汇接点多，夜间行驶在这种复杂的道路中，驾驶员要识别大量的交通指标和交通信号，需要有一个良好的视觉环境来看清道路走向和周围环境。（　　）
6. 意外停电时，应急电源应保证隧道道路路面亮度为基础值的2/10，以保证车辆的低速行驶。（　　）
7. 植树是比较经济的方法越靠近洞口植树越密，树冠也越大，使之更好的遮挡天然光。（　　）
8. 电光源的特性有亮度、光效、光通量、平均寿命、光通维持率等。（　　）

三、简述题

1. 简述高速公路供配电的系统结构以及功能。
2. 简述供电系统的常见故障及排除方法。
3. 简述接地系统日常检查项目。
4. 简述接地系统的操作与维护。

项目六 高速公路照明系统维护管理

知识目标

1. 了解照明系统的基本知识;
2. 掌握高速公路照明系统构成及功能;
3. 掌握照明系统的运行与维护;
4. 掌握照明系统中的常见故障及排除方法;
5. 了解接地与安全防护措施的基本知识。

技能目标

1. 能描述照明系统构成及功能;
2. 熟悉照明系统维护操作;
3. 能检测及排除照明系统常见故障。

任务一 高速公路照明系统概述

目前,我国只有极少数高速公路(如广深路和首都机场路)全程装有道路照明系统。大多数高速公路只在关键路段(如大桥)配置路灯,实施局部照明。主车道利用车辆前照灯对路面的照射,配合诱导标志使驾驶员进行夜间行驶。立交、广场和隧道则普遍设置照明。这说明后几处照明的必要性已为人们接受,而道路照明是否必要还在探索中。图 6-1 所示为高速公路照明,图 6-2 所示为高速公路隧道照明。

图 6-1　高速公路照明效果图　　　　图 6-2　高速公路隧道照明效果图

思考

知道高速公路照明的重要性吗?高速公路照明系统可分为哪几类?评价道路照明好坏的指标主要有哪几项?你能画出照明系统与供配电连接的示意图吗?

一、高速公路照明的重要性

(1)黑夜行车,视觉环境恶化。驾驶员通过前照灯对路面和各种反光膜的反射,能大致看出车前道路走向和近处环境,但并不具备大范围察觉环境变化的能力,无法仔细分辨周围车辆的动向和障碍物的位置,难于辨明前方道路走向。与白天相比,夜间行车的事故率要大得多。有调查报告提到:美国交通死亡事故有一半以上是发生在晚上,按运行公里加权计算,美国夜间交通事故死亡率约为白天的 2.5 倍。在英国,夜间交通事故(包括非死亡事故)按运行公里加权计算约为白天的 1.8 倍。

(2)高速公路照明系统的设置是为车辆驾驶员创造良好的视觉环境。当汽车夜间高速行驶时,驾驶员能迅速准确地接受必要的视觉信息(如路上有无障碍物、前后车辆的相对位置、速度、各类标志、路面宽度和线形等),使其能及时做出反应,以事先防止由于视距不足而发生的交通事故;高速公路行车的通视与诱导性,容易注视前方,缓和了注意力的紧张程度,从而可以大大减轻驾驶员的驾驶疲劳,增加夜间行车的安全感和舒适感,提高交通运输效率,提高道路的利用率,防止犯罪活动和美化环境的效果。国外统计资料表明,许多国家由于设置和改善了道路照明,夜间交通事故减少了 40%~60%,重大交通事故也显著减少。

因此,从公路交通运输长远发展的角度来说,设置良好的高速公路照明系统,形成合适的夜间交通环境,对减少交通事故、保证车辆在高速公路上安全、迅速、舒适行驶有着重要的意义。

二、高速公路照明系统功能

1. 道路照明

道路照明是为高速公路使用者提供必要的视觉信息而进行的照明,包括高速公路主线照明、互通式立交照明、桥梁照明及隧道照明等。其主要功能是使驾驶员能清晰地观察到道路的几何线形、前方道路上是否有障碍物、路面状况信息及道路上的特殊场所及位置信息等。

2. 管理业务及服务照明

管理业务及服务照明是为高速公路管理人员开展正常业务以及车辆行驶的视觉需求而设置的,既要满足收费人员的工作环境照明,也应兼顾车辆在收费广场内的行驶需求。包括高速公路的收费广场照明、收费雨棚照明及服务区照明。

3. 景观照明

景观照明是创造美感、兼顾照明的实用艺术,通过运用艺术和技术方法,营造具有艺术价值的夜景环境,创造夜景环境中的艺术效果,是展示高速公路发展、科技进步、文化品位的重要手段。主要应用于服务区、大中城市收费站和大型桥梁。

三、照明主要指标

为了使车辆在夜间能安全迅速地行驶,必须具备良好的可视条件。观察者的视觉可靠性取决于照明条件下观察路面变化的能力和舒适感,即"视功能"和"视舒适"。如果照明条件恶劣,视觉分辨能力差,行车不舒适,容易发生交通事故。

评价道路照明的好坏,一般有以下 4 项指标:照明水平,照明均匀度,眩光限制,道路照明的诱导性。

1. 照明评价指标

道路照明为观察者提供一个视觉安全可靠的条件,必须在现功能和视舒适都满意的条件下才能得到。

2. 照明亮度水平

路面上的物体能被人们看清楚,主要取决于物体的反射光线,反射光线越多视感觉越强烈,物体看得越清楚。因此落到路面上的照度大小并不能直接说明视感觉的强烈程度,而应取决于路面或物体的表面亮度。

3. 照明均匀度

为保证驾驶员的视功能,路面任何位置的最小亮度不能低于某一给定值。此项要求由路面最小亮度与平均亮度的比值表示,为亮度均匀度。

4. 眩光

在一个照明环境中,当某光源或物体的亮度比眼睛已适应的亮度大得多时,就会有炫目或耀眼的感觉,此种现象称为眩光。

道路使用者的视觉功能还受灯具产生眩光的影响。同等亮度及均匀度条件下,高眩光会造成能见度降低,而当眩光减少时,能见度会提高。

影响眩光的照明因素有:视野范围内,光源面积大,数目多,眩光就重;光源距离视线近,眩光强;视场背景较暗,即使亮度较低的眩光,也会给视觉强烈刺激。

四、照明设备

照明设备也称照明器,由电光源和灯具组成。道路表面材料和结构对照明效果影响很大,常将路面纳入照明设备一并研究。照明设备的选择对照明质量和成本控制影响甚大。

1. 电光源(灯泡)

电光源按发光原理可分为热辐射和气体放电两大类。前者利用物体加热辐射发光,如白炽灯和卤钨灯等;后者利用气体放电发光,如荧光灯、高(低)压钠灯等。

2. 灯具

灯具的主要作用是通过反射、折射和漫透射将光通量合理分配到需要的方向,提高光通量利用率和抑制眩光,同时也固定和保护光源,连接电源,装饰和美化环境。

公路照明要求光源所射出的绝大部分光通量照射在路面和指定区域,有足够的亮度与均匀度,且不影响视觉可靠性。为此,照明器要着重解决光输出比、光分配和眩光控制。

五、道路照明技术要求

1. 道路照明设置的条件

要不要设置全程道路照明、在哪些路段设置局部道路照明是一个需要综合考虑的问题。从行车安全出发,影响设置道路照明的因素有以下几个方面:

(1)道路特征

沿线地形、道路线形、路面状况、立交树木、桥长和航道净空高度等。

(2)交通流特征

路段高峰小时交通量、交通(车型)组成、最高车速及周围交通环境。夜间高峰小时交通量对设置道路照明有直接意义。

(3)安全要求

事故高发危险路段及场所,相似公路的夜间交通事故及伤亡人数。

(4)经济效益

全程照明交通安全的支持人所共知,关键是经济上能否承担建造和维持的费用;夜间交通事故的经济损失与投入费用是否相当。这只有通过经济分析对比确定。

2.道路照明的技术要求和标准

道路照明首先要满足视觉可靠性要求,其次是照明器结构和布置要符合光学诱导性和美学准则。各国为此制订了道路照明标准。我国于1990年颁布机动车道照明标准,与高速公路有关部分见表6-1。国际照明委员会(CIE)和美国推荐的照明标准也列在同一张表上。

高速公路路面照明规范 表6-1

标准归属	道路类型	平均亮度 (cd/m²)	平均照度 (lx)	总均匀亮度 E_{min}/L_{av}	总均匀照度 L_{min}/L_{av}	纵向均匀度 L_{min}/L_{max}	眩光限制	诱导性
中国	快速道路	1.5	20	0.4	0.4		$\gamma_{max}<75$	
美国	高速公路	0.6	6~9	0.3	0.33	0.17	T1	G
CIE	高速公路	2		≥0.4	≥0.7	≥10%		≤6

表6-1数据说明,各国根据各自的实际情况和要求,所制订的标准不尽相同。我国的标准是从城市道路的需要出发制定的,表上数据仅适用于干燥沥青路面。对水泥混凝土路面,平均照度值应降低20%~30%。

六、照明系统构成

1.照明系统的基本构成

照明系统的基本构成包括供电照明线路、配电箱、控制开关、照明电器等,其连接方式如图6-3所示。

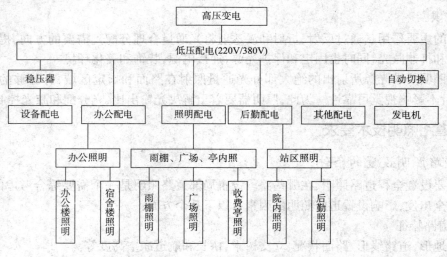

图6-3 高速公路系统结构图

2.照明系统和供配电系统关系

照明系统属供电系统的组成部分,其基本功能是通过供电系统电力线路向各用电照明设备提供电力。配电箱是把配电室提供的电力根据实际需要进行电力分配,通过各级控制开关,向照明电器提供电力,实现收费站照明需求。

 **实训任务**

高速公路或城市道路照明实地参观,绘制照明系统结构图。

任务二 高速照明系统维护管理

高速公路的道路照明,一般可分为收费广场照明、立交照明、收费亭和雨棚照明、主线道路照明以及隧道照明等。

 思考

分别说说我国高速公路收费站设备的照明系统的特点、位置、形式、维护及故障与排除等。

一、收费广场和立交照明与维护管理

高速公路系统的收费广场、服务区广场和停车区通常都需要照明,收费站、服务区等广场的面积在数百到上千平方米,经常有不少车辆停在广场或在收费车道办理收费手续。收费员从亭内能看清亭外的车辆和驾驶员,达到直接用目光监视车型的目的。多数收费站还没有监控楼。通过摄像机对各收费车道和整个广场进行监控,广场照明应为亮度。通常据不同广场规模采用高杆照明或结合常规路灯照明来满足要求。图6-4所示为收费广场照明效果图,图6-5所示为立交桥照明效果图。

图6-4 收费站照明效果图　　　　图6-5 立交桥照明效果图

1. 广场照明的常用形式

(1)高杆灯具照明

一组灯具装载高度超过20~25m的灯杆顶端,灯光投向预定区域大面积的照明灯具称为高杆灯具。

按灯杆类别,高杆灯可分为固定式、灯盘升降式和吊篮升降式三种。固定式灯具不能从杆顶下移,维护时需要专用液压高架车;而升降式可操纵灯具从杆底下移,从而可节省大量维护费用。升降式高杆灯由灯盘、灯杆、升降机和电气装置4部分组成。灯盘为钢或铝合金结构,上面装有12~24只400~1000W泛光灯具、镇流器和结线盒等。因灯杆高度较高,为避免雷击,必须有良好可靠的避雷接地。电器装置包含有电源箱、控制开关和操作箱。操作箱通常为方便携带式,使用时接通电源,可手持按钮和在距杆5m以外进行升降操作。

高杆灯具的技术要求如下:

①体外壳为高压铸铝材质,防锈蚀,易散热,保持光源、电器元件的正常工作环境。
② 灯罩为 PMMA 材料,防紫外线老化,并具有抗冲击破坏能力。
③防水防尘等级不低于 IP65,以适应室外环境。
④反射器位置可水平移动,适合不同路宽。
⑤功率因数为 0.85,平均管电流为 5.4A。
⑥高杆灯带有升降机构,以便维护。

(2)路灯照明

收费广场照明除了采用高杆灯具外也可采用路灯照明。路灯杆高度大多为 13~15m,灯具多采用高压钠灯。路灯具的技术要求与高杆灯具基本相同。只是平均电流略小,通常约为 3A。

2. 收费广场照明系统定期维护

(1)接地电阻必须符合各下述要求:防雷接地电阻 10Ω,保护接地电阻 4Ω。

(2)接地引线和接地电阻应进行镀锌处理,防锈蚀,接地装置不应任意连接或者断开,接地引线数量不得随意改变或减少。

(3)接地应防止发生机械损伤和化学腐蚀。

当广场照明系统发生故障时,应有具有操作证的电气工程技术人员对照电路图,通常采用电压测量法或电阻测量法,查出故障原因将故障进行排除。各收费广场照明灯具电路大致相同,通常都设置有空气开关对灯具电路的通断进行控制。

3. 立交照明

立交是属多层次立体型的复杂路桥结构,道路起伏大,迂回盘旋多,分流汇流也多。常用多条直道、弯道、跨线桥梁上下坡道衔接而成,是交通安全敏感区。车辆行驶在立交区,往往要经过多次急转弯,上坡或下坡,与其他车辆汇合或分流。在夜间行驶在这种复杂的道路中,驾驶员要识别大量的交通标志和交通信号,需要有一个良好的视觉环境来看清前方道路走向和周围环境。立交照明为行车安全、舒适提供个良好的光环境,对它通常要求:照明范围大、光学透导性强和眩光控制好等。针对立交特殊交通环境和光照要求,通常选择高杆灯为主,辅以常规道路照明。

二、收费亭及雨棚照明与维护管理

1. 收费站的照明重点

收费站的照明重点在收费车道,每一条车道面对来车方向通常都配备一台摄像机,以便对违章车辆进行抓拍。同时在灯光照明下,收费员也可以更清晰看清车型,便于对交费人员服务。

2. 收费亭及雨棚照明的特点

收费车道、收费岛和收费亭都在天棚下,天棚高约 5.5m,这种环境使收费亭照明具有室内照明的性质。通常指车道上方棚顶嵌装一列光束灯具,光轴可轻微投向来车方向,以利于摄像。收费亭内的照明系统的设置基本按室内照明处理。

3. 照明灯具的电源

照明灯具的电源通常引自变电站(低压配电柜)经低压电缆送至匝道总配电箱,经配电箱内总断路器和各微型分断路器控制,送至各收费亭及雨棚照明配电箱。交流电源再经箱内各微型断路器控制,分别送至亭内空调、收费设备和收费雨棚照明灯使用。

三、主线道路照明与维护管理

1. 主线照明的放置

高速公路的主车道设置全程道路照明,在哪些路段设置局部道路照明是一个需要综合考虑的问题。从行车安全出发,影响设置道路照明的因素有:

(1)道路特征。路段高峰小时交通量、交通车型组成、最高时速及周围交通环境。夜间高峰小时交通量对设置道路照明有直接意义。

(2)安全要求。事故高发危险路段及场所,相似公路的夜间交通事故及伤亡人数。

(3)经济效益。全程照明对交通安全的支持是人所共知,关键是经济上能否承担建造和维护的费用;夜间交通事故的经济损失与投入费用是否相当。

2. 主线照明的形式

(1)主车道照明广泛采用杆柱式常规照明

照明器通过杆柱安装在车道上空,杆柱按定间隔、按车道线型布设。合理选择杆柱结构、照明器型号和布设排列方式,使路面获得良好照明效果。杆柱式照明器有单边和双边两种,单边型安装在硬路肩外,双边型安装在中央分隔带的凸台上。

(2)杆柱式照明器结构特征:杆高,悬臂长和悬臂仰角

增加杆高可以加大照明区域,相对减少照明器数量,均匀度可适当改善,眩光可得到一定抑制,提高了照明的舒适感。但杆柱过高会使平均照度减少,逸散路肩外的光通量增多,同时也会增加成本。目前,常用的杆柱高 $10\sim15m$。

加大悬臂长度可使照明器伸入车道的长度增加,车道接受的光通量增多,提高路面平均亮度。但过长的悬臂需加大结构强度。因此,悬臂长度需优化。CIE 建议悬臂长度不超过杆高的 1/4,一般常在 $1.5\sim3m$ 的范围内。

悬臂仰角可增加照明器在某一安装高度对路面横向照射范围,过多加大仰角并不能使路面亮度相适应升高,在弯道还易产生眩光。我国规定仰角不超过 $150°$,CIE 建议仰角控制在 $50°$ 以内。

四、隧道照明与维护管理

1. 隧道的视觉环境

车辆通过长隧道,白天和黑夜的视觉环境变化不同。黑夜洞内只是洞外观环境的延续,白天则经历突然从亮到黑和从黑到亮的急剧变化过程,人的视觉产生强烈的不适应。

(1)进入隧道的暗适应

白天,隧道内外亮度差别巨大,车辆驶进洞内,亮度突然降低,需要经过 $4\sim9s$ 的时间,才能逐渐适应,但仍无法看清前方景象。只有设置人工照明,才有可能察觉隧道环境。但人工照明环境从技术和经济上都无法达到洞外亮度,视觉还将经历从洞外高亮度到洞内低亮度的突变,视功能下降和适应滞后问题仍然存在。因此,需要在隧道入口设置亮度逐渐降低的过渡路段和提供足够的适应亮度变化所需的时间。

(2)隧道内的视环境

不论白天或黑夜,隧道内过往车辆的排放物,都有大量微细固体颗粒物(烟雾)悬浮在洞

内空间,它吸收部分光能并对光线产生漫反射,形成透明度不高的光幕,使隧道内的能见度降低。同时,隧道侧向空间较窄,难于纠正侧向距离的判断误差,也缺少回避障碍物的足够空间。一辆车如出现操作错误,极易产生连续的严重尾撞。因此,即使视觉已经适应较暗的环境,对比洞外的路面照明,也还是要适当提高亮度,以增强人的视功能。

(3)隧道出口的亮适应

车辆白天接近隧道出口时,看到的是一个刺眼的眩亮白洞,视觉产生亮适应,同样会降低出洞时的视功能和视舒适,无法准确判别与前车的间距。为此,也需要设置亮度逐渐提高的路段和提供相应的适应时间。由于亮适应时间要短得多,故过渡路段的长度也可以缩短。对于长度很短的隧道(如小于100m),从进口可看到白色的出口亮影,进出口的天然光通过反射和散射等途径在路面产生一定的微弱亮度,视觉适应不严重,就没有必要设置照明。

2. 隧道照明的设置

隧道路面的亮度通常应针对行驶车速为隧道设置相应长度的照明适应区段。下面介绍隧道照明的具体措施。

(1)洞外路段设置专用减光设施

在洞外路段建造减光设施,使入口和出口天然光变化缓慢,增加亮度过度变化的路段长度和视觉适应时间,相对减少隧道内设置亮度变化区段长度。目前常为50~100m,出口路段可适当短些。也有不少隧道不设出口减光设施。

(2)分区段设置不同亮度

为使视觉适应洞外和洞内亮度的急剧变化,隧道划分为多个功能区段,各区段的长短和亮度的高低随设计车速、洞外亮度和洞壁及路面反光性质而变化,单向隧道区段照明渐变梯度图。

①引入段为了使驾驶员从高亮度的露天进入隧道口就能看到洞内环境和障碍物,引入段必须具有较高的亮度。引入段的亮度和长度应随设计车速和洞外亮度而变化,亮度还应随路段长度而减小。洞外亮度随天气变化很大,要随洞外亮度调节引入段的照明亮度难度甚大。

②适应段和过渡段提供一个由高到低的视觉暗适应时间,即再给驾驶员视生理和视心理一个继续完成适应所需的时间。如果在过渡段亮度降低过于急剧,或适应时间过短,能见度和舒适度都将因适应不充分而恶化。适应不充分的主要表现是"后像",即视觉在很短的时间出现与原有观察物在对比度和颜色相反的图像。实验表明此段的适应时间可取2~4s。

③基本段和出口段隧道内的侧向净空和视觉环境要求亮度应高于夜间露天路面的照亮度,目前,大多在$1.5 \sim 10 cd/m^2$范围内,如果隧道很长,适应时间也相应增加,此时可以将基本段亮度适当降低。对于500m以下的短隧道,可提供的适应时间也短,应该增加基本段的亮度,以便有可能减小入口区的引入、适应和过渡三段的亮度下降比例,并相应减少各区段的长度。

④单向隧道的出口段可从基本段的亮度直接跃升至洞外亮度,而且长度也可适当缩短。各区段路面亮度均匀度不应小于1/3,不应出现眩光和不舒适闪光。夜间隧道的照明亮度为基础亮度,可按基本段的数值设置。如果露天车道不设人工照明,则在隧道出口应设置一段亮度逐渐降低的照明设施,以减少暗适应带来的视觉不可靠。

3. 应急照明

隧道需要24h不间断照明。意外停电时,应急电源应保证隧道路面亮度为基础,以保证车辆的低速行驶。应急电源通常为一台 UPS,具有维持 2~4h 的容量,还可配相应功率的柴油发电机组。

五、照明常见故障与排除

1. 白炽灯

常见故障有灯泡不亮,灯泡不亮、接上保险即损坏,灯泡发强光、瞬间烧坏,灯泡时明时暗,灯光暗淡等。

(1)灯泡不亮

故障原因:灯泡灯丝断、保险丝断、灯座或开关接触不良、电路断开。

排除办法:更换灯泡、更换保险丝、检查灯座、开关,进行维修或更换,并修复线路。

(2)灯泡不亮,接上保险即损坏

故障原因:电路负载过大,电路断路。

排除办法:降低负载,检查维修线路。

(3)灯泡发强光,瞬间烧坏

故障原因:灯丝短路电流增大、灯丝额定电压低于电源电压、灯泡玻璃有漏气。

排除办法:更换灯泡。

(4)灯泡时明时暗

故障原因:保险接触不良、灯座或开关松动、灯丝时接时断、电压有波动、附件有大容设备经常启动、供电线路有虚接。

排除办法:紧固接触部位、紧固松动部位、更换灯泡、无需修理。

(5)灯光暗淡

故障原因:灯泡外表灰尘、灯丝老化,内部发黑、电压过低、线路漏电。

排除办法:清洁外表、更换灯泡、升高电压、检修线路,修复漏电部位。

2. 荧光灯

常见故障有不能发光或发光弱、灯光闪烁或滚动、灯管两端发光或发黑、镇流器发热、电磁声较大或有杂音、灯管使用时间短等。

(1)不能发光或发光弱

故障原因:电压过低或线路压降大、启辉器老化或损坏、灯丝断或漏气、接线错误或座接触不良、镇流器坏。

排除办法:调整电源电压或更换线路、更换启辉器、更换灯管、检查接线及触点、更换镇流器。

(2)灯光闪烁或滚动

故障原因:灯管质量问题、启辉器接触不良或损坏、镇流器规格不符。

排除办法:更换灯管、检查修复接触部位或更换启辉器、更换符合要求的镇流器。

(3)灯管两端发光或发黑

故障原因:接线错误或安装接触不良。启辉器故障、电压过低或过高、镇流器型号不符、灯管老化。

排除办法:检查修复线路或触点、更换启辉器、调整电压、更换型号相符的镇流器、更换灯管。

(4)镇流器发热

故障原因:灯架内温度过高、散热不良、镇流器有匝间短路、电压过高或过载、连续使用时间长。

排除办法:更改安装方式、更换镇流器、检查线路或更换镇流器、降低使用时间。

(5)电磁声较大或有杂音

故障原因:镇流器质量差、镇流器内部短路、电压过高、启辉器不良。

排除办法:更换质量合格的镇流器、更换镇流器、降低电压、更换启辉器。

(6)灯管使用时间短

故障原因:灯管质量差、开关次数过多、启辉器质量不好、镇流器规格不符。

排除办法:更换灯管、减少开关次数、更换启辉器、更换镇流器。

 实训任务

正确描述高速公路照明系统常见故障与排除方法,见表6-2。

高速公路照明系统常见故障与排除方法描述　　　　　　　表6-2

照明系统设备	常　见　故　障	相应的排除措施

项目单元测试

一、选择题

1. 高速公路主车道的( )照明有必要性。
   A. 全程　　　　　　　B. 不全程
2. 高速公路照明的分类是( )。
   A. 道路照明　　　B. 管理业务及服务照明　　　C. 普通照明
3. 照明主要指标是( )。
   A. 照明水平　　　B. 照明均匀度　　　C. 照明亮度　　　D. 照明范围
4. 照明设备基本可分为( )。
   A. 电光源　　　　B. 荧光灯　　　C. 高、低压钠灯
   D. 灯具　　　　　E. 供电和照明系统
5. 现代机电系统建设的显著特点是( )。
   A. 标准化　　　　B. 集成化　　　C. 数字化
   D. 智能化　　　　E. 模块化

二、填空题

1. 我国高速公路照明系统的功能有_____。
2. 高速公路照明系统的特点可归结为_____、_____、_____、_____。
3. 根据国情,我国采取"筹资建路、_____、还贷、_____"的滚动模式发展高速公路。
4. 要发挥高速公路照明系统优势,在管理上应该做到_____、_____

和_____。
　　5.高速公路照明系统是一个综合系统,由_____、_____和_____组成。
　　6.高速公路照明系统根据其技术特点和实际功能基本上可分为_____、_____、_____和_____。

三、判断题
1.高速公路与普通公路相比,主要不同之处是"高速"和"舒适"。（　　）
2.高速公路照明系统是一个简单系统。（　　）
3.我国高速公路照明系统建设已经成熟,不需要再做进一步的规划和建设。（　　）
4.照明系统的可靠运行是高速公路正常运营的重要保证。（　　）
5.照明系统操作维护岗位按照工作性质和内容一般可分为收费员、机房值班人员、维护人员、维修人员和系统配置管理人员。（　　）

四、简述题
1.简述高速公路照明系统的功能。
2.简述照明系统的基本构成。
3.简述常见的照明设备及功能。
4.道路照明系统主要技术要求有哪些？
5.简述照明系统常见故障与排除方法。

附录一

公路收费及监控员国家职业标准
（2007年6月）

1 职业概况

1.1 职业名称

公路收费及监控员。

1.2 职业定义

从事公路通行费收取及稽查、公路监控及设备操作维护、公路交通量统计及分析的人员。

1.3 职业等级

本职业共设四个等级，分别为：初级（国家职业资格五级）、中级（国家职业资格四级）、高级（国家职业资格三级）、技师（国家职业资格二级）。其中公路收费员和交通量调查员只设初、中、高三个等级。

1.4 职业环境

室内、室外，随季节、地区变化接触低温和高温，因工作环境接触粉尘、噪声及汽车尾气。

1.5 职业能力特征

具有一定的学习和计算能力；具有较好的表达能力、形体知觉和色觉；手指、手臂灵活，动作协调。

1.6 基本文化程度

高中毕业（或同等学力）。

1.7 培训要求

1.7.1 培训期限

全日制职业学校教育，根据其培养目标和教学计划确定。晋级培训期限：初级不少于160标准学时；中级不少于120标准学时；高级不少于100标准学时；技师不少于80标准学时。

1.7.2 培训教师

培训初、中、高级人员的教师应具有本职业技师职业资格证书或相关专业中级及以上专业技术职务任职资格；培训技师的教师应具有本职业技师职业资格证书两年以上或相关专业高级专业技术职务任职资格。

1.7.3 培训场地设备

满足教学需要的标准教室和具有相应监控、收费、交通情况调查等设备的场地。

1.8 鉴定要求

1.8.1 适用对象

从事或准备从事本职业的人员。

1.8.2 申报条件

——初级（具备以下条件之一者）

(1) 经本职业初级正规培训达规定标准学时数，并取得结业证书。

(2) 在本职业连续见习工作2年以上。

——中级(具备以下条件之一者)
(1)取得本职业初级职业资格证书后,连续从事本职业工作 2 年以上,经本职业中级正规培训达规定标准学时数,并取得结业证书。
(2)取得本职业初级职业资格证书后,连续从事本职业工作 3 年以上。
(3)连续从事本职业工作 5 年以上。
(4)经有关部门审核认定的、以技能为培养目标的中等以上职业学校本职业(专业)及相关专业在校生或毕业生。

——高级(具备以下条件之一者)
(1)取得本职业中级职业资格证书后,连续从事本职业工作 4 年以上,经本职业高级正规培训达规定标准学时数,并取得结业证书。
(2)取得本职业中级职业资格证书后,连续从事本职业工作 6 年以上。
(3)取得本职业中级职业资格证书的大专以上本专业或相关专业毕业生,连续从事本职业工作 2 年以上。

——技师(具备以下条件之一者)
(1)取得本职业高级职业资格证书后,连续从事本职业工作 5 年以上,经本职业技师正规培训达规定标准学时数,并取得毕结业证书。
(2)取得本职业高级职业资格证书后,连续从事本职业工作 7 年以上。
(3)取得本职业高级职业资格证书的高级技工学校本职业(专业)毕业生和大专以上本职业(专业)或相关专业的毕业生,连续从事本职业工作 2 年以上。

1.8.3 鉴定方式

分为理论知识考试和技能操作考核。理论知识考试采用闭卷笔试方式,技能操作考核采用现场实际操作、模拟操作等方式。理论知识考试和技能操作考核均实行百分制,成绩皆达到 60 分及以上者为合格。技师还须进行综合评审。

1.8.4 考评人员与考生配比

理论知识考试考评人员与考生配比为 1:15,每个标准教室不少于 2 名考评人员;技能操作考试考评员与考生配比为 1:5,且不少于 3 名考评员;综合评审委员不少于 5 人。

1.8.5 鉴定时间

理论知识考试时间为 90 分钟;技能操作考核时间:初级不少于 60 分钟,中级不少于 70 分钟,高级不少于 80 分钟,技师不少于 80 分钟;综合评审时间不少于 20 分钟。

1.8.6 鉴定场所设备

理论知识考试在标准教室进行;技能操作考核在具有必要的监控、收费、交通情况调查等设备的场所进行。

2 基本要求

2.1 职业道德与文明服务

2.1.1 职业道德基本知识

2.1.2 职业守则

(1)遵纪守法,照章办事;
(2)坚持原则,实事求是;
(3)服从领导,听从指挥;
(4)坚守岗位,尽职尽责;

(5)谦虚谨慎,团结协作;
(6)钻研业务,提高技能;
(7)公平公正,清正廉洁;
(8)着装整齐,文明礼貌。

2.2 基础知识

2.2.1 计算机知识
(1)计算机硬件基本知识;
(2)计算机操作基本知识;
(3)计算机网络基本知识。

2.2.2 车辆分类分型知识

2.2.3 交通工程一般知识
(1)交通管理与控制;
(2)交通安全。

2.2.4 电工、电子、机械知识
(1)线缆、电路、光纤基本知识;
(2)常用电子仪器、电工测量仪器使用知识;
(3)监控、检测仪器设备构造识图知识。

2.2.5 收费知识
(1)真假货币的识别;
(2)IC卡的基本常识;
(3)票据、账卡管理知识;
(4)收费设备使用知识;
(5)收费政策;
(6)收费突发事件应急处置预案。

2.2.6 安全生产知识

2.2.7 交通量调查相关知识
(1)《公路工程技术标准》中公路分级的标准、交通量调查车型划分与车辆折算系数、交通工程及沿线设施中管理设施配置;
(2)《公路养护技术规范》技术管理中交通情况调查的相关知识;
(3)《公路交通情况调查固定式交通流量调查设备技术条件》;
(4)《公路交通情况调查调查设备技术管理规定》;
(5)《公路交通情况调查统计报表制度》。

2.2.8 相关法律、法规知识
(1)《中华人民共和国劳动法》相关知识;
(2)《中华人民共和国公路法》相关知识;
(3)《中华人民共和国道路交通安全法》相关知识;
(4)《中华人民共和国收费公路管理条例》的相关知识。

3 工作要求

本标准对初级、中级、高级、技师的技能要求依次递进,高级别涵盖低级别的要求。

3.1 初级

职业功能	工作内容	技 能 要 求	相 关 知 识
一、公路监控	（一）监控收费	1. 能操作计算机进行文字处理 2. 能操作录像设备 3. 能辨别收费设备是否正常工作 4. 能辨别车型 5. 能填写监控记录 6. 能判别收费员作业的正误 7. 能进行一般特殊情况处理	1. 公路监控操作人员职责 2. 计算机基础知识 3. 监控设备的名称和用途 4. 车辆分类标准
	（二）监控道路通行状况	1. 能适时调整监控范围 2. 能接听和记录救援电话 3. 能发现交通事故、偶然事件等异常情况，及时向上级汇报	1. 交通安全基本知识 2. 堵塞车道、抢劫、聚众闹事、火灾等重大紧急事件处理规定 3. 特殊车道使用有关规定
	（三）采集与发布信息	1. 能检测交通量参数 2. 能检测气象信息 3. 能采集正常道路(隧道)养护信息 4. 能进行文字输入 5. 能发布文字信息公告 6. 能根据上级指示正确发布指令	1. 交通量(流)知识 2. 道路养护知识 3. 计算机文字输入知识 4. 操作计算机发送信息的知识 5. 信息发布程序
	（四）维护保养设备	1. 能进行监控设备内部清洁和滤网及散热系统除尘 2. 能进行设备常规检查,确保设备正常运行 3. 能查杀计算机病毒 4. 能更换保险管 5. 能检查不间断电源（UPS）系统运行状态,并能进行日常维护	1. 电工基础知识 2. 清洁用品用具的功能和使用常识 3. 常用软件的安装、升级、补丁、查杀病毒的知识 4. 设备日常维护常识和操作规程 5. 计算机硬件系统相关知识
二、公路收费	（一）领取票卡	1. 能领用、核对票卡数量 2. 能发现坏卡、废票 3. 能识别、清点备用金 4. 能填写票卡领用记录	1. 收费员上岗规定 2. 通行券(卡)基本知识 3. 票卡数量计算方法 4. 票卡使用规定 5. 收费管理规定
	（二）发放通行卡	1. 能登录收费(发卡)系统 2. 能判定车型类别，判别应收、应免车辆 3. 能操作收费终端输入车辆信息（刷卡）或发放通行券 4. 能控制发卡差错率在万分之五以下 5. 能讲普通话 6. 能在规定时间内发放通行卡并填写发卡记录及表格	1. 车型及类别基本知识 2. 免费车辆管理规定 3. 计算机信息录入知识 4. 普通话发音标准 5. 收费卡记录表格填写规定
	（三）收缴通行费	1. 能登录收费系统 2. 能判定车型 3. 能输入车辆信息（刷卡） 4. 能操作计算机收费 5. 能唱收唱付 6. 能辨别假币 7. 能控制收费差错率在万分之五以下 8. 能在20秒内完成单车收费 9. 能上报闯关等非正常情况 10. 能填写当班收费记录	1. IC卡读写方法 2. 计算机收费系统操作知识 3. 识别假钞方法 4. 收费标准 5. 文明用语 6. 非正常情况处理预案 7. 收费记录填写规定

续上表

职业功能	工作内容	技 能 要 求	相 关 知 识
二、公路收费	（四）结交票款	1. 能在30秒内清点100张现钞 2. 能核对清点票卡 3. 能填写票款结算单	1. 现金票卡清点规定 2. 交款单、收入日报表、收费台账填写规定 3. 票款结算程序及安全规定 4. 长款、短款管理规定
	（五）维护保养设备	1. 能清洁计算机屏幕和键盘 2. 能更换票券、色带等易耗品 3. 能清洁维护打印机、读卡器、费额显示器等设备 4. 能维护保养收费车道、收费站设备 5. 能使用消防器材 6. 能查杀计算机病毒	1. 计算机屏幕及键盘清洁方法 2. 票券、色带更换方法 3. 打印机、读卡器、费额显示器等设备清洁保养知识 4. 电话、对讲机、信号灯、报警器、自动栏杆机等设备维护常识 5. 用电安全基本知识 6. 消防器材使用方法
三、交通量调查	（一）采集数据	1. 能识辨公路交通量调查中的车辆分类和分型 2. 能使用交通量数据采集仪采集常规交通情况调查原始数据 3. 能填写交通情况调查的原始数据采集统计表	1. 公路交通情况调查常用名词术语 2. 公路交通量调查、车速调查和四类公路交通量比重调查方法 3. 交通量调查车辆分类、分型及折算系数 4. 调查地点的公路路况资料 5. 常用调查仪器的使用方法 6. 现场操作安全常识
	（二）整理数据	1. 能整理及计算原始记录资料 2. 能归档和上报交通量资料 3. 能在相关人员指导下整理及分析历年路段平均交通量	1. 原始数据采集、整理方法 2. 路段平均交通量的计算方法
	（三）维护保养设备	1. 能清洁保养常用调查仪器设备 2. 能修理机械式交通量数据采集仪	常用调查仪器的保养常识

3.2 中级

职业功能	工作内容	技 能 要 求	相 关 知 识
一、公路监控	（一）监控收费	1. 能操作计算机进行数据处理 2. 能操作视频切换矩阵 3. 能浏览、检索违规车辆抓拍图像	1. 监控系统管理的各项规章制度 2. 收费作业规程 3. 视频切换技术 4. 视频图片检索知识
	（二）监控道路通行状况	1. 能根据天气情况和通行状况提出交通控制建议 2. 能操作图形监控软件 3. 能调用和查阅车辆检测器检测的交通状况数据 4. 能调用和查阅道路环境数据 5. 能进行特殊情况告警处理 6. 能打印交通数据报表	1. 图形监控软件使用知识 2. 车辆检测器使用知识 3. 气象和环境检测器使用知识 4. 可变情报板和限速等信息标志使用知识

续上表

职业功能	工作内容	技 能 要 求	相 关 知 识
一、公路监控	（三）采集与发布信息	1. 能编写信息公告 2. 能编辑图文信息 3. 能发布图文信息公告	1. 公告写作知识 2. 文字处理软件应用知识 3. 图像处理软件应用知识
	（四）维护保养设备	1. 会制作视频接头，能处理视频系统简单故障并能更换故障设备 2. 能完成收费、监控软件运行状态检查 3. 能完成服务器系统的日常维护	1. 视频监控系统设备构成和设备性能特点 2. 视频监控系统设备安装方法 3. 收费、监控系统软件的构成及正常运行状态 4. 服务器系统的性能特点
二、公路收费	（一）发放通行卡	1. 能控制发卡差错率在万分之三以下 2. 能处理发卡中遇到的停电、死机、读写卡机故障等非正常情况	1. 发卡设备性能 2. 车道收费设备使用维护知识
	（二）收缴通行费	1. 能纠正入口车辆的判型错误 2. 能控制收费差错率在万分之三以下 3. 能在15秒内完成单车收费 4. 能回答司机询问所在地区路网情况 5. 能使用便携式收费设备	1. 所在地区路网情况 2. 便携式收费设备使用方法
	（三）结交票款	1. 能在25秒内清点100张现钞 2. 能拆分联网区域内不同路段的收费额	1. 联网收费基本知识 2. 联网收费额拆分方法
	（四）维护保养设备	1. 能鉴别收费设备异常状态，及时报修 2. 能更换键盘、显示器、票据打印机等常用设备	1. 车道收费设备正确使用与维护基本知识 2. 打印机、读卡器、显示器等设备的连接方法
三、交通量调查	（一）采集数据	1. 能操作交通情况调查设备采集数据 2. 能校核交通量调查设备的精度 3. 能将原始数据录入交通量数据处理系统	1. 常规交通情况调查、数据采集的基础知识 2. 计算机文档、表格制作和打印操作等知识 3. 计算机数据库管理及安全使用知识
	（二）整理数据	1. 能使用计算机进行数据汇总 2. 能计算常规交通情况调查技术指标 3. 能绘制常规交通量情况的图表 4. 能分析观测站级的交通量情况	1. 常规交通情况调查资料整理、汇总的知识 2. 常规交通情况调查的各项技术指标计算方法 3. 常规交通情况调查的图表绘制基本知识
	（三）维护保养设备	1. 能对交通情况调查仪器进行维护保养 2. 能排查交通量调查设备的常见故障 3. 能升级计算机系统和查杀病毒	1. 公路交通情况调查设备仪器一般工作原理 2. 常用调查仪器的维护保养知识 3. 计算机安全使用与防护知识

3.3 高级

职业功能	工作内容	技能要求	相关知识
一、公路监控	（一）监控收费	1. 能统计收费及交通量数据 2. 能进行数据备份 3. 能纠正收费员的操作错误	1. 统计基本知识 2. 计算机数据存储方法 3. 收费业务知识
	（二）监控道路通行状况	1. 能分析交通流参数，判断道路通行状况 2. 能根据气象状况编写发布路况信息 3. 能对交通事故等异常情况做出快速响应，及时采取相应措施	1. 交通流量特性 2. 气象基本知识 3. 交通事件分析
	（三）采集与发布信息	1. 能审查信息公告内容 2. 能设计图文信息版面	1. 信息公告编写规范 2. 图文信息版面设计与制作软件使用方法
	（四）诊断与排除设备故障	1. 能检查外场设备的防雷接地情况 2. 能对外场设备进行防锈防水处理 3. 能诊断与排除通信接口和各终端的一般故障 4. 能手动调控解码器，调节摄像机镜头 5. 能连接光端设备	1. 高速公路通信系统技术基本知识 2. 系统电（光）缆的路径、设备的连接、通信方式及规程 3. 收费站级监控设备故障诊断与排除知识 4. 应急电话、摄像头、传感器、自动衡器等设备的设置原理 5. 仪器设备接地防雷常识 6. 光端设备使用方法
二、公路收费	（一）发放通行卡	1. 能控制发卡差错率在万分之一以下 2. 能指导初、中级人员使用通行卡	1. 通行卡结构和工作原理 2. 电子标签使用方法
	（二）收缴通行费	1. 能在10秒内完成单车收费 2. 能指导初、中级人员收费 3. 能处理坏卡、无卡等特殊情况的收费 4. 能安装连接便携式收费设备 5. 能控制收费差错率在万分之一以下 6. 能分析预测收费变化情况	1. 收费业务综合知识 2. 便携式收费设备连接方法 3. 特殊情况处理预案 4. 交通量统计分析知识
	（三）结交票款	1. 能在20秒内清点100张现钞 2. 能指导初、中级人员结交票款 3. 能校核联网收费区域内不同路段的收费额拆分结果 4. 能统计票卡的发放、回收结果	1. 联网收费相关知识 2. 票卡发放、回收统计方法
	（四）维护与保养设备	1. 能检查维护平台软件 2. 能检查维护车道工控机 3. 能维护打印机、读卡器、费额显示器等设备 4. 能维护ETC收费设备	1. 平台软件使用知识 2. 车道工控机工作原理 3. 打印机、读卡器、费额显示器等设备维护保养知识 4. ETC收费设备工作原理

续上表

职业功能	工作内容	技 能 要 求	相 关 知 识
二、公路收费	（五）收费稽查	1.能运用相关政策法规和工作规章制度处理突发事件 2.能落实和检查通行费管理工作中重要事项办理情况 3.能依法处置收费行为中违规违纪行为 4.能稽查和处理冲岗逃费车辆、大吨小标车辆、转借和伪造月票车辆、营运性军车、非执行任务警车、损坏收费设施车辆	1.相关法律知识 2.稽查管理办法与具体措施 3.对本级和下级稽查工作考核标准 4.通行费管理工作事项及相关事项办理 5.收费行为及基础管理的稽查工作
三、交通量调查	（一）采集数据	1.能组织实施常规交通情况调查 2.能在指导下开展非常规交通情况调查 3.能根据调查目的确定交通量观测站（点）的设置位置 4.能开展与常规交通情况调查相关的公路路况和社会情况调查 5.能在现场调查出现非正常情况时采取应变措施	1.交通情况调查班组管理知识 2.交通量观测站（点）设置的相关要求 3.与常规交通情况调查相关的公路路况调查和社会情况调查的基本内容及方法 4.交通量调查非正常情况处置预案
	（二）整理数据	1.能编制各类统计报表并通过计算机网络传输数据资料 2.能编制交通情况调查资料汇编 3.能综合分析历年的交通量资料 4.能管理交通情况调查资料档案	1.计算机交通情况调查数据处理软件应用知识 2.资料汇编的相关要求 3.计算机因特网应用基本知识 4.交通情况调查资料的档案管理知识
	（三）维护保养设备	1.能在指导下安装调试交通情况调查仪器 2.能维护交通情况调查仪器 3.能检查和完善交通情况调查仪器的安全防护设施	1.交通情况调查仪器的工作环境要求 2.交通情况调查仪器的安全防护要求

附录二

通行费征收岗位员工应知应会题库
（基础知识）

1 高速公路基础知识

1.1 什么是高速公路？

答：高速公路，是指经国家公路主管部门验收认定，符合高速公路工程技术标准，并设置完善的交通安全设施、管理设施和服务设施，专供机动车高速行驶的公路。

1.2 高速公路有哪些特点和优点？

答：高速公路的特点是具有机动车专用、分离行驶、全部立交、控制出入以及高标准、设施完善等功能。与一般公路相比，高速公路具有车速高、通行能力大、运输费用省、行车安全等四大优点，其中车速高是其最显著的优点，也是高速公路同其他公路的根本区别。

1.3 我国高速公路发展中"五纵七横"国道主干线是指什么？

答："五纵"指：黑龙江同江至海南三亚、北京至福州、北京至珠海、二连浩特至河口、重庆至湛江。"七横"指：绥芬河至满洲里、丹东至拉萨、青岛至银川、连云港至霍尔果斯、上海至成都、上海至瑞丽、衡阳至昆明。

1.4 高速公路断面组成包括哪些？

答：行车道、中央分隔带、路缘带、硬路肩、土路肩及用地范围内的标志、防护栏、隔离栅、植树绿化、边坡、边沟、取土坑等。

1.5 影响道路路面寿命的主要因素是什么？

答：轴载质量、车辆总质量、轴距、轮胎。

1.6 什么是公路？

答：公路是指经交通主管部门验收认定的城间、城乡间、乡间能行驶汽车的公共道路。公路包括公路的路基、路面、桥梁、涵洞、隧道等。

1.7 高速公路的最高时速是多少？哪些车辆不得进入高速公路？

答：道路交通安全法规定：高速公路限速标志标明的最高时速不得超过一百二十公里。非机动车、拖拉机、轮式专用机械车、铰接式客车、全挂拖斗车以及其他设计最高时速低于七十公里的机动车，不得进入高速公路。

1.8 公路的发展应遵循哪些原则？

答：公路的发展应当遵循全面规划、合理布局、确保质量、保障畅通、保护环境、建设改造与养护并重的原则。

1.9 公路按其在路网中的地位划分哪几类？

答：公路按其在公路路网中的地位分为国道、省道、县道和乡道。

1.10 公路按其技术等级划分为哪几类？

答：公路按其按技术等级分为高速公路、一级公路、二级公路、三级公路和四级公路。

1.11 专用公路是指什么公路？

答：专用公路是指由企业或者其他单位建设、养护、管理，专为或者主要为本企业或者本单位提供运输服务的道路。

1.12 国道、省道、县道、乡道如何规划？

答：国道规划由国务院交通主管部门会同国务院有关部门并商国道沿线省、自治区、直辖市人民政府编制，报国务院批准。

省道规划由省、自治区、直辖市人民政府交通主管部门会同同级有关部门并商省道沿线下一级人民政府编制，报省、自治区、直辖市人民政府批准，并报国务院交通主管部门备案。

县道规划由县级人民政府交通主管部门会同同级有关部门编制，经本级人民政府审定后，报上一级人民政府批准。

乡道规划由县级人民政府交通主管部门协助乡、民族乡、镇人民政府编制，报县级人民政府批准。

依照上述规定批准的县道、乡道规划，应当报批准机关的上一级人民政府交通主管部门备案。

省道规划应当与国道规划相协调。县道规划应当与省道规划相协调。乡道规划应当与县道规划相协调。

1.13 公路的命名有哪些规定？

答：国道的命名和编号，由国务院交通运输主管部门确定；省道、县道、乡道的命名和编号，由省、自治区、直辖市人民政府交通运输主管部门按照国务院交通主管部门的有关规定确定。

1.14 筹集公路建设的资金主要有哪几种类型？

答：筹集公路建设资金，除各级人民政府的财政拨款外，可以依照法律或者国务院有关规定决定征收用于公路建设的费用；还可以依法向国内外金融机构或者外国政府贷款。

国家鼓励国内外经济组织对公路建设进行投资。开发、经营公路的公司可以依照法律、行政法规的规定发行股票、公司债券筹集资金。

依照本法规定出让公路收费权的收入必须用于公路建设。

向企业和个人集资建设公路，必须根据需要与可能，坚持自愿原则，不得强行摊派，并符合国务院的有关规定。

公路建设资金还可以采取符合法律或者国务院规定的其他方式筹集。

1.15 公路附属设施包括哪些？

答：公路附属设施，是指为保护、养护公路和保障公路安全畅通所设置的公路防护、排水、养护、管理、服务、交通安全、渡运、监控、通信、收费等设施、设备以及专用建筑物、构筑物等。

2 法律法规相关知识

2.1 《中华人民共和国道路交通安全法》由全国人大常委会通过，2004年5月1日起施行。

2.2 公路法

(1)《中华人民共和国公路法》由全国人大常委会通过，于1998年1月1日起施行。

(2)禁止任何单位和个人在公路上非法设卡、收费、罚款和拦截车辆。

(3)收费公路车辆通行费的收费标准，由公路收费单位提出方案，报省、自治区、直辖市人民政府交通运输主管部门会同同级物价行政主管部门审查批准。

(4)收费公路设置车辆通行费的收费站，应当报经省、自治区、直辖市人民政府审查批准。

2.3 收费公路管理条例

(1)《中华人民共和国收费公路管理条例》由国务院颁布。2004年11月1日起施行。

(2)军队车辆、武警部队车辆,公安机关在辖区内收费公路上处理交通事故、执行正常巡逻任务和处置突发事件的统一标志的制式警车,以及经国务院交通运输主管部门或者省、自治区、直辖市人民政府批准执行抢险救灾任务的车辆,免交车辆通行费。进行跨区作业的联合收割机、运输联合收割机(包括插秧机)的车辆,免交车辆通行费。联合收割机不得在高速公路上通行。

(3)任何单位或者个人不得以任何形式非法干预收费公路的经营管理,挤占、挪用收费公路经营管理者依法收取的车辆通行费。

(4)收费公路的收费期限,由省、自治区、直辖市人民政府按照下列标准审查批准:①政府还贷公路的收费期限,按照用收费偿还贷款、偿还有偿集资款的原则确定,最长不得超过15年。国家确定的中西部省、自治区、直辖市的政府还贷公路收费期限,最长不得超过20年。②经营性公路的收费期限,按照收回投资并有合理回报的原则确定,最长不得超过25年。国家确定的中西部省、自治区、直辖市的经营性公路收费期限,最长不得超过30年。

(5)收费公路经营管理者应当在收费站的显著位置,设置载有收费站名称、审批机关、收费单位、收费标准、收费起止年限和监督电话等内容的公告牌,接受社会监督。

(6)收费道口的设置,应当符合车辆行驶安全的要求;收费道口的数量,应当符合车辆快速通过的需要,不得造成车辆堵塞。

(7)收费公路经营管理者应当加强对收费站工作人员的业务培训和职业道德教育,收费人员应当做到文明礼貌,规范服务。

(8)收费公路经营管理者收取车辆通行费,必须向收费公路使用者开具收费票据。政府还贷公路的收费票据,由省、自治区、直辖市人民政府财政部门统一印(监)制。经营性公路的收费票据,由省、自治区、直辖市人民政府税务部门统一印(监)制。

(9)收费公路经营管理者不得有下列行为:①擅自提高车辆通行费收费标准;②在车辆通行费收费标准之外加收或者代收任何其他费用;③强行收取或者以其他不正当手段按车辆收取某一期间的车辆通行费;④不开具收费票据,开具未经省、自治区、直辖市人民政府财政、税务部门统一印(监)制的收费票据或者开具已经过期失效的收费票据。有以上所列行为之一的,通行车辆有权拒绝交纳车辆通行费。

2.4 新疆维吾尔自治区高速公路条例

(1)《新疆维吾尔自治区高速公路条例》新疆维吾尔自治区人大常委会颁布,2003年3月1日起施行。经过二次修改,第二次修改时间为2007年1月16日。

(2)省人民政府交通运输部门主管全省高速公路工作。

(3)除公安机关人民警察依法执行紧急公务外,任何单位和个人不得在高速公路上拦截检查行驶的车辆。

(4)高速公路隔离栅外缘起30m,互通立交、特大型桥梁隔离栅外缘起50m范围为高速公路建筑控制区。

(5)在高速公路越江桥梁隔离栅外缘200m范围内不得挖砂、采石、取土、倾倒废弃物。

(6)高速公路建设项目法人或者高速公路经营管理单位应当在高速公路入口处、相关跨越高速公路的设施,设置车辆限载、限高、限宽标志。

(7)行人、非机动车、摩托车、残疾人专用车、拖拉机、履带车、低速载货汽车、三轮汽车、轮式专用机械车、全挂列车、悬挂试车号牌和教练车号牌的车辆，以及其他设计最高时速低于七十公里的车辆，禁止进入高速公路。

(8)进入高速公路的车辆应当配备故障车警告标志牌和灭火器。

(9)车辆在高速公路上正常行驶时，最低时速不得低于六十公里；最高时速小型客车不得高于一百二十公里，大型客车、货运汽车不得高于一百公里，但遇有限速交通标志或者路面限速标记时，应当遵守标志或者标记的规定。

(10)遇雨、雾、路面结冰或者其他有碍正常行驶情况时，车辆应当减速行驶并加大行车间距。

(11)高速公路沿车辆行驶方向最右侧的车道为应急车道，其他车道为行车道。行车道应当标明允许通行的车型及最高、最低行驶速度。

(12)车辆通过收费站安全岛通道时，最高时速不得超过五公里；在安全岛通道前后各一百米内应当按照标线行驶，不得变更行驶路线，但道口关闭的除外。

(13)除领卡、缴费和其他特殊情况外，禁止在安全岛通道前后各200m内停车及上下人员。

(14)关闭高速公路由高速公路交通巡逻警察机构和高速公路经营管理单位负责实施。高速公路交通巡逻警察机构负责现场指挥疏导车辆。高速公路经营管理单位负责关闭收费站入口，设置必要的交通分流引导设施，并通过公众媒体和沿线的可变情报板等发布信息。

(15)高速公路经营管理单位应当健全规章制度，坚持守法、诚信，公开服务标准，接受社会监督，为通行车辆和驾乘人员提供安全、便捷、文明服务。

(16)高速公路经营管理单位，经依法批准，有权向通行收费高速公路的车辆收取车辆通行费。

(17)对于交换通行卡等逃交通行费的车辆，高速公路经营管理单位有权拒绝其通行，在其补交应当交纳的车辆通行费后予以放行；对里程难以确定的交换通行卡的车辆，高速公路经营管理单位可以要求其按照本省路网全程交纳车辆通行费。

(18)高速公路上发生重、特大交通事故以及其他重大突发事件时，高速公路经营管理单位应当为执行现场抢险、救护任务的车辆开辟免费紧急通道。

(19)《新疆维吾尔自治区高速公路条例》对拥堵免费放行规定如下：收费站应当开足收费道口，保障车辆正常通行，避免车辆拥挤、堵塞。因未开足收费道口而造成平均10台以上车辆待交费，或者开足收费道口待交费车辆排队均超过200m的，应当免费放行，待交费车辆有权拒绝交费。高速公路经营管理单位应当在距离收费道口200m处设置免费放行标志。

(20)收费站工作人员对禁止进入高速公路的车辆不得发放通行卡，并应当协助拦阻肇事逃逸车辆和载有犯罪嫌疑人的车辆。

3 职业道德与文明服务

3.1 职业道德

(1)什么是职业道德？职业道德的内容主要指哪两个方面？

答：职业道德是指所有从业人员在职业活动中应遵循的行为准则，涵盖了从业人员与服务对象、职业与职工、职业与职业之间的关系。职业道德的主要内容有两个方面：职业道德规范和职业道德范畴。

职业道德规范，是指一定的职业对从业人员的行为和关系的基本要求的概括。

职业道德范畴，主要包括：职业理想、职业态度、职业义务、职业技能、职业纪律、职业良心、职业荣誉、职业作风、职业尊严等。其中比较重要的是：职业态度、职业义务、职业良心、职业纪律。

(2)从哪年起，我国把每年的哪一天定为"公民道德宣传日"？

答：从2003年起，我国把每年的9月20日定为"公民道德宣传日"。

(3)社会主义职业道德的基本规范是什么？

答：爱岗敬业，诚实守信，办事公道，服务群众，奉献社会。

(4)社会主义职业道德的基本规范确立的基本原则是什么？核心是什么？

答：社会主义职业道德基本规范确立的基本原则是：为人民服务的原则、集体主义原则、主人翁的原则(主人翁的原则即主人翁的劳动态度)。其中为人民服务是社会主义职业道德的核心。

(5)社会主义道德建设的主要内容是什么？

答：社会主义道德建设要坚持：以为人民服务为核心，以集体主义为原则，以爱祖国、爱人民、爱劳动、爱科学、爱社会主义为基本要求，以社会公德、职业道德、家庭美德为着力点。在公民道德建设中，应当把这些主要内容具体化、规范化，使之成为全体公民普遍认同和自觉遵守的行为准则。

(6)精神文明建设主要包括什么？

答：精神文明建设包括思想道德建设和教育科学文化建设等方面。

(7)公民基本道德规范是什么？

答：爱国守法，明礼诚信，团结友善，勤俭自强，敬业奉献。

(8)社会公德主要内容是什么？

答：文明礼貌，助人为乐，爱护公物，保护环境，遵纪守法。

(9)家庭美德主要内容是什么？

答：尊老爱幼，男女平等，夫妻和睦，勤俭持家，邻里团结。

(10)文明服务规范中职业道德的内容有哪些？

答：①热爱事业，忠于职守；②按章收费，应征不漏；③精通业务，准确快速；④着装整洁，举止端正；⑤文明礼貌，服务热情；⑥遵纪守法，不谋私利；⑦秉公执法，不徇私情；⑧见义勇为，不怕牺牲。

3.2 文明服务

(1)文明优质服务的十项要求？

答：①环境文明；②仪表文明；③语言文明；④举止文明；⑤依法收费；⑥业务熟练；⑦方便群众；⑧宣传政策；⑨接受监督；⑩保持通畅。

(2)收费岗位禁忌语言有哪些？

答：①嘿！②交钱，快点！③干什么呢，快点！④没零钱了，自己出去换去！⑤喊什么，等会儿！⑥没钱找，等着！⑦怎么不提前准备好！⑧谁让你不拿好了！⑨有完没完！⑩我就这态度！⑪你管得着吗！⑫有能耐，你告去！⑬就罚你！⑭后边等着去！⑮不知道！

(3)收费站文明服务承诺有哪些？

答：应征不漏，应免不征；开足道口，计费准确；通行快捷，避免拥堵；业务熟练，按章收费；文明礼貌，微笑服务。

(4)收费人员常用的文明用语包括哪些？

答：①您好！②请缴通行费。③请稍候！④对不起！⑤请您拿好票据。⑥请出示您的证件。⑦请交验通行费。⑧谢谢您的合作。⑨欢迎您行驶高等级公路。⑩再见!

(5)收费人员文明服务的标准有哪些?

答:①说话和气,"请"字当头,正确使用"您好"、"谢谢"四字文明用语,不用粗暴或不文明的语言;②解答问题耐心,直到对方满意为止,不准用讽刺、挖苦的语言;③提倡委屈服务;④服务周到。

(6)十字文明用语是指什么?

答:您好,请,谢谢,对不起,再见。

(7)收费站便民服务项目包括哪些?

答:①提供交通信息、收费标准等相关咨询;②提供开水;③提供针线、纸笔;④提供简易修车工具;⑤提供创可贴、风油精、藿香正气水、胶布、晕车药等常用药品。

(8)行风监督主要措施有哪些?

答:一是建立健全行风监督员制度;二是实行承诺服务和公示制度;三是欢迎新闻舆论监督;四是坚持暗访抽查;五是结合文明创建、规范服务、树立形象。

(9)文明用语要做到哪些方面?

答:语句要规范,声音要适中,态度要热情,表情要自然,吐字要清楚,目光要注视车主。

(10)治理"三乱"的重大意义是什么?

答:治理"三乱"是党中央、国务院确定的反腐败三项重点工作之一。一是维护社会稳定、促进国民经济健康发展的需要。二是创建交通系统文明行业、加快交通事业发展的需要。三是全心全意为人民服务的需要。

(11)"三乱"是指什么?

答:乱设站(卡)、乱罚款、乱收费。

(12)收费方面,哪些行为是"三乱"行为?

答:①未经省政府批准的收费站(点)和收费项目;②未执行省政府规定的收费标准;③未使用省财政规定的统一收费票据;④交通工程未竣工,预先收取车辆通行费;⑤在未经省政府批准设置收费站(点)的公路上收费;⑥在收费站内,未公布设站批准文件、收费许可证、收费单位、收费项目、收费标准和举报电话;⑦在收费站(闸)内,利用职权,对过境车辆、船舶,推销商品、强买强卖或强行服务;⑧在收费站内设置障碍,影响交费车辆正常通行;⑨收费不开票据,钱与票面金额不符或使用假票;⑩收费人员没有收费证书和未按规定着装上岗收费;⑪汽车洗车站强行拦车冲洗或只收钱不洗车。执法人员在公路上和城市入口处,帮洗车站拦车强制冲洗或只罚款不洗车;⑫未经交通运输港航监督部门同意和县(市)政府批准,设置的寄泊站,强行向依靠在码头装卸、待闸和航行途中的船舶收取取船舶寄泊费;⑬其他违反国务院和省政府有关规定的乱收费行为。

(13)有关接电话礼仪的四个基本原则是什么?

答:①电话铃响在3声之内接起;②电话机旁准备好纸笔进行记录;③确认记录下的时间、地点、对象和事件等重要事项;④告知对方自己的姓名。

(14)在常用礼节中,握手时应注意哪几个方面?

答:握手是我们日常工作中最常使用的礼节之一。握手时,伸手的先后顺序是上级在先、主人在先、长者在先、女性在先。握手时间一般在2~3秒或4~5秒为宜。握手力度不宜过猛或毫无力度。要注视对方并面带微笑。

(15)收费站如何做好服务过程的控制?

答：①收费站入口负责发放 IC 通行卡，出口回收 IC 通行卡，并按章征收车辆通行费，具体操作按照《ISO9001 车辆通行费征收服务作业指导书》有关规定执行；②在收费站作业条件控制方面，始终保持良好的征收服务环境，为过往驾乘人员提供优质的文明服务，并向过往驾乘人员提供便民服务（如提供免费开水、创可贴、简易汽修工具及行车指南等）；③采用稽查或监控录像的方式，对车辆通行费征收过程进行检查和监督，杜绝发生乱收费等徇私舞弊行为，确保提供文明优质服务。

（16）收费站如何做好通行费征收服务监视？

答：①设立意见箱，随时供驾驶员对文明服务或通行费征收提出各种疑义，并负责做好解说工作；②每月定期发放顾客意见调查表，征求驾乘人员意见，不断改进服务质量；③遇交通管制、交通事故或突发事件实施必要的救援，积极配合交通分流、封闭等交通管制工作。

（17）收费站文明服务有哪些要求？

答：各单位应不断完善服务设施、优化服务手段，提高服务水平。做到对外服务与对内服务相结合，对上服务与对下服务相结合。

各收费站应保证站区环境整洁优美，各类宣传牌、通告牌、指示牌等标志齐全，各类信号指示、灯光照明设施完好。

收费人员必须按规定统一着装上岗，各类证件按规定摆放到位，做到衣冠整洁、仪表大方。男同志不留长发和胡须，女同志不浓妆艳抹。

收费人员应坚持使用普通话，坚持使用文明用语，收费操作过程中坚持唱收唱付，票款与驾乘人员当面结清。

收费人员应熟练掌握有关业务知识和周边交通环境，能够为过往驾乘人员提供快捷、周到、热情的服务。

收费站应保证道口良好通行秩序，积极指挥疏导车辆，必要时及时增开道口，保证各类车辆及时安全通过。遇有突发情况能够及时妥善解决。

认真执行高速公路通行费征收政策和征收标准，做到"应征不漏、应免不征"，不得发生乱收费、乱罚款现象。

（18）收费人员工作纪律有哪些？

答：①收费人员必须服从调配，坚持制度，坚守岗位，履行职责，文明值勤；严禁脱岗、串岗和睡岗；②严格执行收费规定和收费标准，秉公执法，不徇私情；③通行费、月票、赔偿、加收、银行利息等收入解缴要及时，严禁贪污、挪用或转借票款，废弃票要及时上交，不得私存、倒卖废弃票，不得将现金和票据、卡私带回家。杜绝各种营私舞弊行为；④严禁携带私款进入收费岗位，否则视为通行票款，一律充公，并按违纪处理；⑤上班时间要精力集中，不准吃零食，不准嬉笑打闹，不准酒后上岗和在班上饮酒、抽烟、看报刊，不准收听收录机，不准做任何与工作无关的事情；⑥当班人员要制止无关人员（包括交警）进入收费亭，更不得在亭内停留、闲谈；⑦收费人员必须自觉维护企业的声誉，文明值勤执法，不准乱扣车、滥罚款；不准对驾驶人员要威使横，打人骂人；不准私自拦车搭车，不得利用职权卡、拿、要等牟取私利；⑧要积极主动接受监督检查，实事求是回答询问，不得以任何理由拒绝检查；⑨要爱惜收费设备和公共财产，不得在设备、设施上乱涂、乱刻、乱画，不得移动、遮盖监视镜头，不得在收费设施上进行非收费作业；⑩车辆驶入、驶离收费亭时，必须使用文明用语；⑪票据、收入账务设置要完整，做账要及时、规范、数据准确；⑫不得擅自对通行车辆进行减收、免收，更不得因各种理由关闭车道或让车辆减免通行费。

（19）收费员岗位职责是什么？

答：①服从班长领导，服从管理和稽查，团结协作，高质量完成站领导和收费班长安排的各项工作任务；②做好当班期间的收费工作，严格执行收费政策和有关规定，并做到"应征不漏、应免不征"；③严格遵守收费操作规程，准确核定车型（座位）、货车轴型、轴限，规范处理各类特情；④工作热情礼貌，使用文明用语，耐心解答驾驶人员提出的合理问题，任何情况下不耍态度，更不刁难他人，树立良好窗口形象；⑤领票和缴款时，与票据员（或银行资金押运车辆）结清票款账目（或填写好现金交款单和票据核销单密封签名后交由班长保存）；⑥积极参加上级组织的各项活动，努力钻研业务，提高工作效率和水平，热爱公益，自觉地参与收费站创建和维护收费站良好的工作生活秩序；⑦每天白班上班的收费人员，协同值机员检查试验收费报警系统，发现故障及时排除或上报，保证其始终处于良好状态；⑧按要求做好通行费的存放、解缴等工作，并做好当班票据、IC卡的核销工作；⑨完成站领导交办的其他工作。

（20）收费班长岗位职责是什么？

答：①组织本班人员认真学习和掌握收费政策及收费工作有关规定，刻苦钻研征收业务，严格按规定征收车辆通行费，不断提高收费工作水平；②做好当班期间收费、文明服务稽查工作，及时处理当班期间发生的"特情"，调解纠纷，疏导车辆，维护道口营运秩序，督促按时交接班，保证岗位不缺人，做好当班有关记录；③按"准军事化"管理要求，开好班前、班后会，组织本班人员列队按时交接班；负责清点交接好办公用品及室内外设施，认真填写交接班记录；发现丢失财物、损坏物品等现象时，要及时处理并向站领导报告；④检查督促本班人员做好票卡领用、保管、核销；通行费存放、解缴；单据填写等工作；⑤做好班组安全生产工作，督促收费员加强自我防护；⑥加强班组建设，争创先进班组；⑦完成站领导交办的其他工作。

（21）值机员岗位职责是什么？

答：①按要求做好值机监控工作；②对收费站区道路和收费情况实施全天候24小时监控；③规范使用和维护监控设备、设施，使之始终处于良好的工作状态；保持工作环境整洁、卫生；④会同收费员每天白班上班时检查试验收费亭报警系统，发现故障及时排除，保证其始终处于良好状态；⑤认真填写台账，重要情况及时录像并报告，做好保密工作；⑥每天按时校对打印收费相关统计报表；⑦未经批准，严禁无关人员进入监控室；⑧配合票据员做好IC通行卡的管理工作；⑨完成站长交办的其他工作。

（22）票据员岗位职责是什么？

答：①负责收费站票卡的申领、保管、发放、回收、核销等工作；②负责票卡发放、使用、结存和通行费收入台账的登记和凭证编制等工作；③负责票据存根的回收保管工作；④负责定期与收费员、值机员等进行票卡核对，并定期对库存票卡进行盘点维护，确保账、票、卡、款相符；⑤负责提出票卡使用需求计划，并按规定上报各种统计报表；⑥西北绕城票据员做好当班数据的录入工作，做到准确无误；⑦严格遵守上级制定的财务制度和会计法规，发挥其在财务工作中的监督职能作用；⑧负责本站各类会计凭证的录入、装订、保管工作；⑨对因个人原因工作失误造成的现金短缺、误收假币等，个人承担相应的经济损失；⑩负责本站备用金的管理、工资发放、费用报销、会计账务设置和录入等工作；⑪及时清账，当月发生的账要在本月25日前做到账票两清，按要求主动向上级财务部门和站领导提供各种会计数据；⑫现金日记账、银行日记账要逐笔记清逐日结清余额，不得汇总记账。对原始凭证要认真审查其合法性,记账凭证要做到摘要清楚;⑬银行日记账要每月与银行对账单核对,做出银行余额调节表,妥善保管对银行使用的各种票据;⑭完成站领导交办的其他工作。

(23)收费站文明用语主要有哪些?

答:①正常天气

入口:您好,欢迎光临京沪高速!/请您拿好通行卡。/请您系好安全带。/对不起,您的车不能上高速公路,请您按原路返回。

出口:您好,您一路辛苦了!/请您出示通行卡。/请您把车往前靠(往后倒)。/请付××元。/收您××元,请稍等。/找您××元,请您拿好零钱。请您拿好票据。/欢迎您再次光临,请走好!(再见)不好意思,打印机出了故障,请稍等。/耽误了您的时间,请原谅。

②恶劣天气

a. 雨、雪

入口:您好,欢迎光临京沪高速!/请您系好安全带。/请您拿好通行卡。雨(雪)天路滑,请减速慢行。/祝您一路顺风,请走好。

出口:您好,您一路辛苦了!(请出示通行卡)请交××元。/收您××元,请稍等。/找您××元,请您拿好零钱。/请您拿好票据。欢迎再次光临,请走好!(再见)

b. 雾

入口:您好,欢迎光临京沪高速!/请您拿好通行卡。雾大,请您加大车距,减速慢行,小心驾驶。祝您一路顺风,请走好!

出口:同雨、雪天气的文明用语一样。

③节日(春节、国庆、五一、三八妇女节、圣诞节)

入口:您好!/节日快乐!请拿好通行卡。祝您旅途愉快,再见!

出口:您好!/春节快乐(国庆快乐)!师傅,您辛苦了,请出示您的通行卡。请付××元,收您××元,找您××元。/请拿好票据,再见!

④封道、开道

恶劣天气封道对不起,由于雾大(雪大),为了安全起见,按上级领导指示,我站暂行封道,请您稍等一会儿,谢谢合作!

因事故封道:对不起,路上有事故,暂且不能通行,请您稍等一会儿,谢谢!

开道情况:对不起,让您久等,请拿好您的通行卡,请您注意行车安全,再见!

4 计算机与电工知识

4.1 计算机知识

(1)什么是计算机?

答:计算机是一种不需要人的直接干预而能对各种数字化信息进行算术和逻辑运行的快速工具。

(2)计算机的分类如何?

答:按信息的形式和处理方式,分为电子模拟计算机、电子数字计算机。按用途,分为通用计算机、专用计算机。按规模,分为巨型机、大型机、中型机、小型机、微型机。

(3)多媒体技术的特性、分类是什么?

答:特性:集成性、实时性、交互性、高质量。

分类:基于功能分为:①开发系统;②演示系统;③培训系统;④家庭系统。基于应用分为:①多媒体信息咨询系统;②多媒体辅助教育系统;③多媒体通信系统;④多媒体娱乐系统。

（4）想在 Internet 五彩缤纷的世界中漫游，WWW 浏览器是最主要的工具之一。那么什么是 WWW？

答：WWW 是指 World Wide Web（全球信息网）。

（5）Internet（因特网）上最基本的通信协议是什么？

答：TCP/IP 协议。

（6）将数字化的电子信号转换成模拟化的电子信号，再送上通信线路的过程称为什么？

答：调制或数/模转换。

（7）通过 Internet 发送或接收电子邮件（E-mail）的首要条件是应该有一个电子邮件（E-mail）地址，它的正确形式是什么？

答：用户名@域名。

（8）在计算机网络中，通常把提供并管理共享资源的计算机称为什么？

答：服务器。

（9）TCP/IP 协议的含义是什么？

答：传输控制协议和网际协议。

（10）光纤通信有什么特点？

答：①容量大、频带宽，传输速率高；②损耗低；③可靠性高；④抗干扰性强。

（11）按计算机网络中各台计算机所处于的地理位置的覆盖范围，可把计算机网络细分为哪几类？

答：局域网，城域网，广域网。

（12）通信中 bps 是什么的单位，代表什么意思？

答：bps 是数码传输速度（数码率）的单位，表示每秒能传送二进制代码的位数。

（13）显示器显示图像的清晰程度主要取决于什么？

答：显示器的分辨率。

（14）调制解调器（Modem）的作用是什么？

答：将计算机数字信号与模拟信号互相转换，以便传输。

（15）什么是计算机病毒？

答：是一种指令程序，它寄生在系统启动区、设备驱动程序中、操作系统的可执行文件，甚至任何应用程序中。病毒利用系统资源进行自我繁殖，并破坏计算机系统。

（16）个人计算机的防毒措施有哪些？

答：①慎用软盘、光盘等移动存储介质。

②选用优秀反病毒软件。

③正确使用反病毒软件，保持及时升级，实时开启反病毒软件的监控功能。

④不要轻易打开电子邮件中的附件，尤其是可执行文件、Office 文档文件等。

⑤谨慎下载控件、脚本。

⑥定制浏览器安全设置，将"自定义级别"设置为禁止（或提示）下载 ActiveX、禁用（或提示启动）Java 脚本等安全设置。

⑦养成对免费、共享软件先查毒后使用的好习惯。

⑧蠕虫病毒流行的时候，不要在线启动、阅读某些文件，杜绝成为网络病毒的传播者。

4.2 电工基本知识

(1)什么是电路？

答：电流所经过的路径称为电路。电路的组成一般由电源、负载和连接部分（导线、开关、熔断器）等组成。

(2)什么是电源？

答：电源是一种将非电能转换成电能的装置。

(3)什么是电压？

答：电压也称电位差，是指电流从高电位处向低电位处，两个电位之差。通常也称电压。

(4)电流的基本概念是什么？

答：电荷有规则的定向流动，就形成电流，习惯上规定正电荷移动的方向为电流的实际方向。电流方向不变的电路称为直流电路。单位时间内通过导体任一横截面的电量称电流（强度），用符号 I 表示。电流（强度）的单位是安培（A），大电流单位常用千安（kA）表示，小电流单位常用毫安（mA）、微安（μA）表示。$1kA = 1000A$，$1A = 1000mA$，$1mA = 1000\mu A$。

(5)电流对人体伤害的程度与什么因素有关？

答：与通过人体的电流大小、电流通过人体的时间、电流的频率、人体的健康状况、电压的高低及电流通过人体的途径等因素有关。

(6)发生触电后脱离电源的方法有哪些？

答：①发生触电事故，应立即切断电源。

②当有电的电线触及人体引起触电，不能采用其他方法脱离电源时，可用绝缘的物体，如干燥的木棒、竹竿、绝缘手套等将电线移开，使人体脱离电源。

③必要时可用绝缘工具（如携带绝缘柄的电工钳、木柄斧等）切断电线，以切断电源。

④防止人体脱离电源后造成的二次伤害，如高处坠落、摔伤等。

⑤对于高压触电，应立即通知有关部门停电。

(7)巡检时的注意事项有哪些？

答：①巡视高压设备时保证人体与带电导体的安全距离。不得触及设备绝缘部分，禁止移动或越过遮拦，并不得进行其他工作。

②进入高压开关室，必须随手关门。

③巡视设备时，应按规定的设备巡视路线进行，防止遗漏。重大设备如主变压器应围绕巡视一周，进行检查。

④在巡视检查中发现问题，应及时向领导汇报并记入缺陷记录。

⑤在设备过负荷，发热，异常声响或者发生恶劣天气，如暴风雨、雪、雾、冰冻、附近火灾等进行特殊巡视。

(8)收费系统供电设备有哪些？

答：因为收费系统大量使用计算机设备及使用 IC 卡作为通行卡，因此电源必须得到保证。为使供电不中断，为控制室收费系统设备和车道控制计算机提供维持时间大于 60 分钟的符合国际通行标准的 UPS（不间断电源），采用集中式 UPS 设置方式，由监控室 UPS 集中向收费车道及监控机房的设备，如车道计算机、费额显示器、闭路电视监视系统、收费管理计算机等供电。为避免收费车道供电中断，影响正常收费，收费站都配置 UPS。

(9)收费站停电后的应急措施有哪些？

答：当收费站供电中断后，UPS 开始工作，这时 UPS 鸣叫告警。当 UPS 告警时，应查明原因。如果只是短时停电，可以不作处理，当供电恢复时，UPS 自动恢复到正常工作状态。

如果是长时间停电,这时应通知收费站电工,准备开启发电设备。如果发电设备不能正常工作,应紧急维修。同时,关掉收费系统监控室电视墙电源、管理计算机、IC 卡管理计算机电源、多媒体计算机电源等。必要时,可以关闭监控室设备的电源,只保留收费车道的电源供应,以延长收费 UPS 的供电时间。

停电在距离城市的较远的收费站可能频繁发生,收费站应及时发现停电,并进行处理。在系统设计时,UPS 的供电时间是有限的。因此,收费系统的供电应在 60 分钟之内解决。

(10)什么是接地?什么是接零?为什么要进行接地和接零?

答:将电气设备和用电设备的中性点、外壳或支架与接地装置用导体作良好的电气连接称为接地。将电气设备和用电装置的金属外壳与系统零线相接称为接零。

接地和接零的目的,一是为了电气设备的正常工作,如工作性接地;二是为了人身和设备安全,如保护性接地和接零。

(11)哪些电气设备必须进行接地或接零保护?

答:必须进行接地或接零保护的电气设备有:

①发电机、变压器、电动机、高低压电器和照明器具底座或外壳;

②电子设备的传动装置;

③互感器的二次线圈;

④配电盘和控制盘的框架;

⑤屋内外配电装置的金属构架、混凝土构架和金属围栏;

⑥电缆头和电缆盒的外壳、电缆外皮与穿线钢管;

⑦装有避雷线的电力线路的杆塔和混凝土电杆以及装在配电线路电杆上的开关设备及电容器的外壳等。

5 安全生产

5.1 我国安全生产的方针是:安全第一、预防为主、综合治理。

5.2 我国安全生产原则是:管生产必须管安全。

5.3 生产经营单位的主要负责人对本单位的安全生产工作全面负责。

5.4 工会依法组织职工参加本单位安全生产工作的民主管理和民主监督,维护职工在安全生产方面的合法权益。

5.5 各单位负责人、安全生产管理人员和从事危险作业的人员每年接受在岗安全生产教育和培训时间不得少于 8 个小时,其他员工每年接受在岗培训时间不得少于 4 个学时。

5.6 各项安全生产管理制度的核心是:安全生产责任制。

5.7 职工劳动保护的基本权利和义务是什么?

答:职工必须严格执行劳动保护法规,遵守劳动纪律和安全生产操作规程,爱护并正确使用防护设施、用品、用具,对违章指挥有权拒绝操作,险情特别严重时,有权停止作业,采取紧急措施,并撤离危险岗位。对漠视职工安全健康的领导,有权批评、检举、控告。

5.8 高速公路有哪些交通安全设施?

答:防护栏、隔离栅、防眩设备、道路标志、照明、紧急求救电话等。

5.9 国家规定的安全色是哪几种颜色?含义是什么?

答:有红、蓝、黄、绿四种颜色。其含义是:红色表示禁止、停止(也表示防火);蓝色表示指令必须遵守的规定;黄色表示警告、注意;绿色表示指示、安全状态、通行。

5.10 什么是交通标志?其作用是什么?

答:交通标志是指用形状、颜色、符号、文字等绘制的指示牌,其作用是向驾驶人员、行人传递警告、禁令、指示等有关交通信息,用以管理道路。

5.11 交通标志分为哪四种?作用分别是什么?

答:警告标志:警告车辆、行人注意危险地点的标志。

禁令标志:禁止或限制车辆、行人交通行为的标志。

指示标志:指示车辆、行人通行的标志。

指路标志:传递道路方向、地点、距离等信息的标志、附设在主标志下,起辅助类标志。

5.12 交通信号灯由红灯、绿灯、黄灯组成。红灯表示禁止通行,绿灯表示准许通行,黄灯表示警示。

5.13 安全标志由安全色、几何图形和图形符号构成。安全标志分为禁止标志、警告标志、指令标志、指示标志四类。

5.14 公路交通标线是由有色线条、箭头、图案、文字、立面标记、突起路标和边线轮廓标等构成的用以管制和引导车辆、行人的一种公路安全设施。

5.15 收费站交通标志主要有收费站预告标志、限速标志、车道指示标志、禁止停车标志等。

5.16 员工防火技能"四懂四会"内容指的是什么?

答:四懂:懂火灾的危险性、懂预防措施、懂火灾的扑救方法、懂逃生自救;四会:会报警、会使用消防器材、会扑灭初起火灾、会疏散逃生。

5.17 灭火的基本方法有哪几种?

答:有四种,即冷却法、窒息法、隔离法、化学抑制法。

5.18 灭火器按灭火药剂的不同分哪几类?

答:分水系、干粉、二氧化碳、泡沫、卤代烷灭火器。

5.19 灭火器多长时间应检查一次?

答:每半年一次。

5.20 各单位消防设施器应实行定点、定人、定期检查、定期维护"四定"管理。

5.21 在拨打火警电话向公安消防队报火警时,必须讲清哪些内容?

答:发生火灾单位或个人的详细地址;起火物;火势情况;报警人姓名及所用电话号码。

5.22 什么是"三违"?

答:指违章指挥、违章操作、违反劳动纪律。

5.23 什么是"三不伤害"?

答:是指我不伤害自己,我不伤害他人,我不被他人伤害。

5.24 什么是"五同时"?

答:计划、布置、检查、总结、评比生产的同时,计划、布置、检查、总结、评比安全工作。

5.25 安全生产事故处理的"四不放过原则"是指事故原因不查清不放过;责任人未受到处理不放过;职工群众未受到教育不放过;防范措施不落实不放过。

5.26 安全生产检查的"六查"内容有哪些?

答:①查思想:检查各级负责人及员工对安全生产是否重视,贯彻落实党和国家安全生产及劳动保护有关法律、法规和各级有关安全生产指示、要求的执行情况。

②查制度:检查各单位、部门、班组、岗位各项安全规章制度的建立和执行情况,检查安全生产统计、报告、记录和事故处理是否按程序规范操作。

③查管理：检查各单位、部门、班组的日常安全管理工作进行情况,检查各级安全生产责任制落实情况。

④查隐患：从人的不安全行为、物的不安全状态、环境的不良因素进行全面检查,对发现的安全隐患和问题作出分析,提出整改意见,纠正违章行为。

⑤查安全设施：检查劳动条件、生产设备以及相应的安全设施是否符合劳动保护、安全生产及消防安全等要求,落实安全管理措施。

⑥查事故处理：检查事故调查、分析、处理、结案和"四不放过"措施落实情况。

5.27　安全生产检查采取哪些形式？

答：采取定期或不定期检查、明察暗访、重点抽查或综合性检查、专业性或季节性检查等多种形式。

5.28　收费员上下岗应当遵循哪些安全规定？

答：①收费员上下岗交接班时要列队上下岗,有地下通道的站,员工上下岗必须过地下通道；②交接班时,班长首先要检查道口信号灯和道口各种安全设施是否完好,做好交接班记录；③工作期间不得随意横穿道口,确需通过道口时,应遵循"一慢、二看、三通过"的原则,不得盲目冲道口。

5.29　班组安全日检查哪几个方面的内容？

答：①查思想：及时发现班组员工对安全生产麻痹松懈的思想苗头。

②查行为：检查全班组人员有无违反操作规程和劳动纪律现象,有无违章指挥现象。

③查隐患：检查生产现场的劳动条件、生产设备是否符合劳动保护、安全生产要求。

④查管理：检查操作记录是否准确、清晰、整洁、真实；巡回检查记录是否及时、准确；检查安全台账是否齐全,是否记录准确、清晰。

5.30　收费站安全管理工作主要有哪几个方面内容？

答：①制定安全目标；②落实安全生产责任制；③做好安全教育；④做好安全检查工作；⑤加强设备的维护和保养。

5.31　在收费站遇到车辆失火怎么办？

答：在收费站遇到车辆失火时,应立即采取措施,并向上级报告。①抢救伤员并及时疏散车内乘员；②根据失火材料特性,立即选择相应的灭火器材进行灭火；③视情况关闭车道或疏导交通,保障收费秩序；④维护火灾现场,并对灭火情况进行认真记录,调查失火原因,为加强安全管理提供资料；⑤待火灭并处理完火灾现场后,予以清理。

5.32　怎样在收费站使用停车牌或手势指挥车辆？

答：在收费站指挥车辆应做到：①明确指挥内容,如指挥车辆靠边、减速、停车、放行、快速通过或指示车辆驶入指定车道等；②根据不同指挥内容和收费站场地情况,正确选择指挥位置；③按照交通指挥规范,正确使用停车牌或手势指挥车辆；④要求动作规范、示意明确,仪容端庄,指挥车辆有条不紊；⑤指挥时应注意安全,与指挥车辆保持适当距离,禁止突然动作或示意不明。

5.33　收费站安全用电常识的主要内容有哪些？

答：①不要乱拉电线、乱用电设备,更不能在收费亭内乱接电炉、空调等,以免烧坏线路,引起收费亭、收费阳棚等设施导电、失火,危及人身安全；②不要随意拆接电源线,以免损坏通行闸门等收费设备；③不能用铁丝、铜丝、铅丝等代替电源、收费设备等的保险丝；④不要用湿手去摸灯口、开关和插座等,更换灯泡时,要先关闭开关,然后站在干燥的绝缘物上进行。灯线不要拉得过长或到处乱拉,以防触电;⑤如发现电气障碍和漏电起火时,应立即关闭电源开关。在未切断以前,不能用水或酸、碱泡沫灭火器灭火;⑥电线断线落地时,不要靠近,对6~10kV的高压线路,应离开电线落地8~10m远,并及时报告有关部门修理;⑦如发现有人触电,应赶快切断电源或用木棍、干竹竿等绝缘物将电线挑开,使触电者及时脱离电源。如触电者神智昏迷,呼吸停止,应立即进行人工呼吸,并马上送医院进行紧急抢救。

5.34 《加强恶劣天气条件下高速公路交通管理工作方案》中分级管制的具体要求有哪些?

答:①能见度不足30m,实行特级管制。除重要领导特别紧急公务、紧急抢险救护等特殊车辆在警车带道下通行外,禁止其他各类车辆驶入高速公路;②能见度在30m以上50m以下,实行一级管制。禁止危险品运输车、"三超"车辆、大型客货车和后尾灯不亮的小型车辆驶入高速公路;③能见度在50m以上100m以下,实行二级管制。禁止危险品运输车、"三超"车辆以及重载大型货车驶入高速公路;④能见度在100m以上200m以下时,实行三级管制。应当开启雾灯和防炫目近光灯、示廓灯、前后位灯,时速不得超过60km,与同一车道内前车保持100m以上的行车间距。

5.35 事故隐患和职业危害因素监控划分为几级?

答:三级。分别为:

A级:危险性很大,一旦发生事故可能造成严重的人员伤亡和较大经济损失。

B级:危险性较大,易导致员工重伤或一般事故发生。

C级:具有一定危险性,其伤害程度较轻。

5.36 监控点检查周期分别是为多长时间?

答:A级:公司每年检查6次,管理处每月检查1次,站、区、中心、大队每周检查1次,班组每班检查1次。B级:公司每年检查4次,管理处每月检查1次,站、区、中心、大队每周检查1次,班组每日检查1次。C级:公司每年检查1次,管理处每年检查2次,站、区、中心、大队每月检查1次,班组每周检查1次。

5.37 收费站各监控点的级别是什么?

答:收费道口B级、车辆A级、配电房B级、财务室C级、值机室A级、解款室(票据房)C级、厨房C级、保安室C级、水泵房C级。

5.38 票据室事故隐患,危险点监控措施有哪些?

答:①严禁烟火;②杜绝乱拉乱接电线;③配备消防器材;④严禁闲人进入;⑤下班关锁门窗;⑥保险柜及时上锁,密码打乱;⑦设立防盗设施。

5.39 监控室事故隐患,危险点监控措施有哪些?

答:①灭火器材配备齐全。严禁吸烟或使用明火,严禁使用大功率电器;②设备维护保养按规定执行,发现故障立即报告;③严禁将来历不明的磁盘带入,预防计算机病毒;④提高监控员的业务水平,严格按规程操作;⑤灭鼠。

5.40 收费道口事故隐患,危险点监控措施有哪些?

答:①消防设施完好,防火措施到位;②亭门反锁,票箱上锁且打乱密码;③无闲人逗留;④报警系统能正常使用;⑤无私自乱动收费设备现象;⑥杜绝火种,杜绝乱拉乱接电线;⑦配备消防器材。

5.41 收费道口安全管理制度的内容是什么?

答:①收费站要维护收费道口正常的收费秩序,加强道口安全管理,确保收费道口安全畅通;②收费站应定期对收费人员进行安全教育培训,强化安全生产意识,提高安全防范技能;③收费道口应配备必要的消防器材和安全设施,定期进行检查以保持其完好;④当班班长、保安负责收费道口治安秩序维护,定时进行巡查,值机员经常进行监视,发现异常情况及时处置汇报,进行录音摄像取证;⑤当班收费员必须落实防盗抢措施,携带密码箱列队上下班,由保安全程护送,在站内(金库)解缴室缴款;⑥收费区域内禁止闲杂人员逗留,收费亭内禁止非工作人员进入,收费员进入收费亭后必须反锁收费亭门;⑦早班收费员上班2小时内必须会同值机员进行亭内报警器调试,每班当班期间必须对道口消防器材和安全防护设施进行检查;⑧收费人员、道口维护施工人员必须按规定穿戴劳动保护用品,做好个体防护,所有人员通过道口应遵循"一慢、二看、三通过"原则,确认没有来车后安全通过,有地下通道的应走地下通道;⑨收费亭内禁止带入食品饮料等,禁止吸烟及明火作业,禁止存放其他物品,桌面禁止放置液体容器;⑩收费道口设施设备维护施工时,必须设置必要的安全警示标志,高空作业应做好防坠落保护,施工道口禁止车辆通行;⑪禁止从收费道口接入其他用电设备,临时用电接线必须行防碾压保护,收费大棚定期进行防雷检测。

附录三

2012年度上半年公路收费及监控员(高级)考试试题

理论知识部分(试卷类型:A)

一、单选题(每题有4个备选答案,其中有1个是最佳答案,请在答题卡上涂上最佳答案。单选题满分80分,选择正确给分)。

1. 根据交通运输部文件规定,一级公路有关收费还贷公路技术等级和规模是连续里程( )以上。
   A. 20km   B. 30km   C. 40km   D. 50km
2. 车辆通行费征收管理具有很强的( )。
   A. 政策性   B. 机动性   C. 固定性   D. 特殊性
3. ( )收费方式适合于都市公路。
   A. 开放式   B. 封闭式   C. 混合式   D. 均一式
4. 通行费收费的方式主要有三大类包括:人工收费、半自动收费和( )。
   A. 全自动收费   B. 混合式收费   C. 自动化收费   D. 以上都不对
5. 车辆通行费票证管理实行( )级管理体制。
   A. 二   B. 三   C. 四   D. 五
6. ( )级主管部门负责票证的印制。
   A. 县   B. 市   C. 省   D. 部
7. 通行卡使用时要严格按照( )的原则。
   A. 一车一次一卡   B. 一车一卡   C. 多车一卡   D. 一车多卡
8. 对回收的通行卡及存根封存时间为( )个月。
   A. 1   B. 2   C. 3   D. 4
9. 通行费应实行( )的管理办法。
   A. 统收统支   B. 收支两条线   C. 收支平衡   D. 以上答案都不对
10. "集资贷款、( )"是我国多渠道筹集公路建设资金的一项积极政策。
    A. 收费还贷   B. 谁投资,谁收费   C. 国家还贷   D. 统一还贷
11. 对于不缴费或逃费的车辆进行行政处罚的职能只能是( )。
    A. 交通主管部门或公路管理机构
    B. 收费经营公司
    C. 交警
    D. 司法
12. 收费口车道宽度一般为( )米。
    A. 2.5   B. 4   C. 3   D. 4.5
13. 警告、禁令、指示、指路标志和辅助标志统称为( )。
    A. 交通信号   B. 交通标志   C. 交通标线   D. 指示标志
14. 收费站的安全管理包括( )、防火、防盗安全管理。

A. 防水 B. 防电 C. 防潮 D. 以上都不对
15. 开放式公路收费应在收费站前( )米处设置"收费站指示标志"、"限速标志"。
A. 200 B. 300 C. 500 D. 1000
16. 汽车通常由( )、底盘、车身和电气设备四大部分组成。
A. 车轮 B. 制动器 C. 变速器 D. 发动机
17. 一般公路车辆分类标准是根据车辆的装载质量将机动车分为( )大类。
A. 四 B. 五 C. 六 D. 七
18. ( )是指为运行、维护、管理和应用计算机所编制的所有程序的集合。
A. 计算机硬件 B. 输入设备 C. 输出设备 D. 计算机软件
19. 计算机硬件由( )、控制器、存储器、输入设备和输出设备五大部件组成。
A. 计算器 B. 运算器 C. 处理器 D. 运行器
20. 计算机软件分为系统软件和( )。
A. 控制软件 B. 服务软件 C. 应用软件 D. 操作软件
21. 计算机外部设备包括键盘、鼠标和( )等。
A. 显示器 B. 内存条 C. CPU D. 硬盘
22. ( )是人为制造的能够侵入计算机系统并给计算机带来故障的程序或指令的集合。
A. 计算机硬件 B. 计算机软件 C. 计算机网络 D. 计算机病毒
23. 可变信息情报板按功能应属于( )。
A. 信息采集系统 B. 信息处理系统 C. 信息提供系统 D. 通信系统
24. 交通量是指在单位(选定)时间内,通过道路某一横断面或某一区段的( )。
A. 货车数量 B. 客车数量
C. 机动车数量 D. 标准小客车数量(PCU)
25. 按照收费站所处的位置,可分为主线收费站和( )。
A. 匝道收费站 B. 集中式收费站 C. 分布式收费站 D. 开放式收费站
26. 计重收费时,如因为检测设备将总轴数判断错误对收费金额有影响,产生争执时,应( )。
A. 坚持按显示标准收费 B. 按照最低标准收费
C. 按照最高标准收费 D. 不收费
27. 不停车收费方式可分为单向式不停车收费和( )。
A. 开放式不停车收费
B. 封闭式不停车收费
C. 双向式不停车收费
28. 收费员发现通行卡自然损坏时,应( )。
A. 按最高标准收费 B. 索取通行卡工本费
C. 询问驾驶员入口站名并上报确认,正常收费 D. 免费放行
29. 收费员发现通行卡人为损坏时,应( )。
A. 按最高标准收费
B. 索取通行卡工本费
C. 询问驾驶员入口站名并上报确认,正常收费并索取通行卡工本费

D. 免费放行

30. 通行费票卡的保管必须做到"三专",即专人、专房、( )。
    A. 专柜　　　　　　　B. 专门　　　　　　　C. 专管

31. 自动栏杆受控于( ),栏杆的抬起由收费员操作键盘控制。
    A. 线圈检测器　　　B. 车道控制机　　　C. 费额显示器　　　D. 票据打印机

32. 根据规范,收费系统报表按内容分为收费报表、交通量报表、收费人员管理报表,收费设备工作状况报表和( )。
    A. 天气报表　　　　B. 交通事故报表　　C. 通行卡管理报表

33. 按管理部门区分,收费系统报表分为收费站级报表、( )、收费结算中心级报表三类。
    A. 收费分中心级报表　B. 交通量报表　　　C. 交通事故报表　　D. 收费员报表

34. 为保证收费数据安全,收费数据应采用( )。
    A. 多级备份　　　　B. 人工记录　　　　C. 数据共享

35. 利用可变情报板发布交通信息时,一般不宜超过( )个汉字。
    A. 12　　　　　　　B. 10　　　　　　　C. 15　　　　　　　D. 8

36. 交通信息发布可按照一天24小时不同时段的特性划分为黎明、上午、下午、黄昏和( )。
    A. 雨天　　　　　　B. 雾天　　　　　　C. 夜间　　　　　　D. 雪天

37. 在夜间及恶劣天气条件下,应使用( )颜色的字体发布交通信息。
    A. 黄色　　　　　　B. 红色　　　　　　C. 绿色　　　　　　D. 蓝色

38. 当限速为100km/h时,为使驾驶员能清晰地辨识出可变情报板显示的图文,要求显示的数字直径至少为( )。
    A. 50cm　　　　　　B. 60cm　　　　　　C. 80cm　　　　　　D. 100cm

39. 从发送到光纤上的信号来分,目前的光端机可分为模拟光端机和( )。
    A. 视频光端机　　　B. 数字光端机　　　C. 虚拟光端机

40. 一套完整的防雷装置由( )、引下线和接地装置组成。
    A. 接闪器　　　　　B. 单片机　　　　　C. 控制器

41. 高速公路紧急电话的主要功能是与紧急求助部门取得联系和( )。
    A. 可视对讲　　　　B. 自动确定呼叫者的位置　　　　C. 方便驾驶员打电话

42. 紧急电话系统一般由紧急电话控制中心、传输线路和( )组成。
    A. 监控屏　　　　　B. CCTV　　　　　　C. 紧急电话分机　　D. GPS诱导系统

43. 摄像机是监控系统的核心部分,其主要功能是把光信号转换成( )。
    A. 视频信号　　　　B. 电信号　　　　　C. 声音信号　　　　D. 频率信号

44. 为看清远处的交通状况,监控系统应选用( )镜头。
    A. 广角镜头　　　　B. 中焦镜头　　　　C. 长焦镜头

45. 在监控室,需要对摄像机的变焦镜头、( )和防护罩进行遥控。
    A. 能见度检测器　　B. 电动云台　　　　C. 路面状态检测器　D. 气象监测器

46. 视频矩阵的主要功能是( )。
    A. 对输入图像选择性输出　　　　　　B. 显示屏
    C. 声音切换　　　　　　　　　　　　D. 录像

47. 常用的图片存储格式有( )、TIF、GIF 和 JPG。
    A. MSN　　　　　　B. DBMS　　　　　　C. WIM　　　　　　D. BMP
48. 下面( )不是常用的交通参数检测器。
    A. 线圈检测器　　　B. 视频检测器　　　C. 雷达检测器　　　D. 温度检测器
49. 在交通量较大且重载货车较多的高速公路做交通检测时不宜选用( )。
    A. 线圈检测器　　　B. 视频检测器　　　C. 微波检测器　　　D. 雷达检测器
50. 可变交通信息发布系统通常有( )、可变限速标志、车载交通信息屏和广播等。
    A. CCTV　　　　　　B. 可变情报板　　　C. 广告牌　　　　　D. 交通检测器
51. 隧道监控系统告警通常包括交通堵塞、照明系统报警、通风系统报警和( )。
    A. 雷击报警　　　　B. 防火系统报警　　C. 触电报警　　　　D. 气象报警
52. 高速公路视频监控通常分为( )和道路监控两部分。
    A. 气候监控　　　　B. 隧道监控　　　　C. 收费监控　　　　D. 治安监控
53. 视频监控系统一般由摄像子系统、( )、控制子系统和显示记录四个主要部分组成。
    A. 显示器　　　　　B. 图像传输子系统　C. 气象检测系统　　D. 录像子系统
54. 云台的作用是( )。
    A. 承载摄像机转动　B. 天文观测台　　　C. 遮阳台　　　　　D. 监控中心
55. 监控系统中近距离通信通常用同轴电缆,远距离传输通常采用( )。
    A. 双绞线　　　　　B. 电话线　　　　　C. 光纤　　　　　　D. 485 总线
56. 收费电动栏杆不落,通常有以下原因:栏杆机电源掉电、电机故障、线圈故障和( )。
    A. 控制器故障　　　B. 车道摄像机故障　C. 费额显示器故障　D. 票据打印机故障
57. 通行信号灯安装在收费亭后面,如果显示红×,表示( )车辆通过车道。
    A. 允许　　　　　　B. 禁止　　　　　　C. 随意
58. 判断线圈检测器是否正常通常采用( )。
    A. 把金属物放在线圈上,观测检测器指示灯是否正常
    B. 检测线圈是否供电正常
    C. 查看线圈材料是否合格
    D. 查看线圈大小是否合格
59. 收费 IC 卡主要技术指标有工作频率、读写时间、读写错误率和( )。
    A. 卡片面积　　　　B. 读写距离　　　　C. 卡片材料
60. 票据打印机数据线与工控机( )相连。
    A. 串口　　　　　　B. 网口　　　　　　C. USB 接口　　　　D. 并口
61. 交通调查中 OD 调查指( )。
    A. 个人出行调查　　B. 起讫点调查　　　C. 货运调查　　　　D. 车辆调查
62. 交通调查中昼间交通量指( )间的交通流量。
    A. 8:00～18:00　　 B. 7:00～18:00　　 C. 7:00～19:00　　 D. 8:00～19:00
63. 高峰小时系数指( )。
    A. 高峰小时交通量与扩大的高峰小时交通量之比
    B. 车流高峰所占的时间与整个观测时间之比

C. 高峰期流量与观测时间内总流量之比

64. 常规交通调查包括交通量调查、( )、四类公路交通量比重调查等。
    A. 轴重调查　　　B. 起讫点调查　　　C. 车速调查　　　D. 交通事故调查

65. 下列不属于交通调查原则的是( )。
    A. 合理分工　　　B. 周密组织　　　C. 轮班上岗　　　D. 人性管理

66. 24小时交通量调查一般是分( )班。
    A. 2　　　　　　B. 3　　　　　　C. 4　　　　　　D. 5

67. 一般交通量调查的车型有( )种。
    A. 9　　　　　　B. 10　　　　　　C. 11　　　　　　D. 12

68. 高速公路路段,一般应设置( )。
    A. 间隙式观测站　B. 连续式观测站　C. 固定式观测站　D. 移动式观测站

69. 一般公路路段,应设置( )。
    A. 间隙式观测站　B. 连续式观测站　C. 固定式观测站　D. 移动式观测站

70. 下面不属于公路路况调查基本内容的是( )。
    A. 标志标线　　　B. 公路绿化情况　C. 路面破坏情况　D. 车道数

71. 数据库系统是采用数据库技术,具有管理数据库功能,由硬件、软件、( )及各类人员组成的计算机系统。
    A. 键盘　　　　　B. 网络　　　　　C. 数据库　　　　D. 显示器

72. 交通量小时变化曲线是纵坐标表示交通量、横坐标表示交通量对应的( )的曲线。
    A. 天　　　　　　B. 小时　　　　　C. 分　　　　　　D. 秒

73. 常用的交通参数不包括( )。
    A. 交通量　　　　B. 速度　　　　　C. 占有率　　　　D. 噪声

74. 环形线圈检测器描述不正确的是( )。
    A. 原理是电磁感应　　　　　　　　B. 适应性强
    C. 安装和维修方便　　　　　　　　D. 对气象有较强抗干扰力

75. 超声波检测器通常安装在( )。
    A. 车道正上方　　B. 埋在车道下　　C. 挂在路边　　　D. 监控中心

76. 微波检测器由( )、接收探头及其控制器、调制解调器及电源三部分组成。
    A. 摄像头　　　　B. 微波发射端　　C. 地感线圈　　　D. 红外

77. 常用的计算机安全技术包括访问控制、( )、VPN、IDS、防毒软件等。
    A. 防火墙技术　　B. 稳压技术　　　C. 防雷技术　　　D. 温度控制

78. 防火墙的局限性有( )、不能防范绕过防火墙的攻击、只认机器不认人、不防止数据驱动式攻击和不能防范病毒。
    A. 防内不防外　　B. 防外不防内　　C. 客户端认证　　D. 私有数据加密

79. 图像分辨率指( )。
    A. 每英寸图像上像素点的数量　　　B. 图像的格式
    C. 图像的大小　　　　　　　　　　D. 图像的颜色

80. 做好计算机病毒防护包括使用杀毒软件、( )、不轻易打开不明电子邮件的附件、对软件先杀毒再安装等。

A. 不看电影 B. 不使用电子邮件
C. 慎用 U 盘等移动存储介质 D. 不上网

二、多选题(每题有 1 个以上正确答案,请在答题卡上涂上答案。共 20 分,只选对 1 个给 1 分,全部正确给 2 分,错选、多选均不给分,也不扣分)

1. 高速公路需要传输的信息可概括为( )。
   A. 语音 B. 信号 C. 图像 D. 数据
2. 高速公路监控系统的典型任务包括( )。
   A. 减少高速公路常发性或偶发性拥挤的影响
   B. 获得最大的运行安全
   C. 减少交通事故对环境和人类的影响
   D. 提供必要的信息和帮助
3. 收费系统测试的内容主要涉及( )等。
   A. 数据处理、统计报表及打印记录测试
   B. 闭路电视监视功能测试
   C. 告警及异常处理功能测试
   D. 安全性及保密性测试
4. 收费中非接触 IC 卡读写器由( )等部分组成,以射频方式完成对非接触式 IC 卡的读写操作。
   A. 控制器 B. 天线 C. 电源 D. 网卡
5. 养路费缴讫证全国统一,有以下几种形式( )。
   A. 缴讫证 B. 统缴证 C. 免征证 D. 补换证
6. 收费稽查中,对外稽查的内容包括( )。
   A. 核对其车型与行车里程,考核收费是否合理
   B. 拦截闯口车辆
   C. 收费员着装是否整齐
   D. 检查车主交费收据是否齐全,无收据时要与收费人员查对
7. 对通行费现金管理的基本要求是( )。
   A. 所有通行费现金,必须按规定在指定的银行存储,准时上交
   B. 收费员下班后必须在当日交清通行费,不得拖交、欠交
   C. 通行费现金管理要做到日清月结、账款相符,长、短款及收费情况定期上报上级主管部门
   D. 通行费现金严格按照收、支两条线规定管理,任何单位和个人不得截留、挪用
8. 运载易燃、易爆、剧毒等危险品的车辆通过收费站时,收费站人员的职责是( )
   A. 查验其证件,检查其运载危险品的手续是否齐全和车辆装载是否符合规定
   B. 检查车辆是否按规定带有应该配备的防火、防爆及防毒器材
   C. 对证件不全或装载不合格以及无防范器材和措施的车辆,立即报告值班(站)长,采取措施,妥善处理
   D. 严禁运输运载危险品的车辆在收费广场及站内滞留
9. 收费监控系统包括( )。
   A. 亭内外摄像机 B. 广场摄像机

C. 车道控制器　　　　　　　　　　D. 视频切换器、监视器
10. 常用的交通量调查的方法有(　　　)。
　　A. 人工计数法　　　B. 浮动车法　　　C. 机械计数法　　　D. 摄影法

参考答案

一、单选题

1. C　2. A　3. D　4. A　5. B　6. C　7. A　8. C　9. B　10. A
11. C　12. C　13. B　14. B　15. C　16. D　17. B　18. D　19. B　20. C
21. A　22. D　23. C　24. D　25. A　26. B　27. C　28. C　29. C　30. A
31. B　32. C　33. A　34. A　35. D　36. C　37. A　38. D　39. B　40. A
41. B　42. C　43. A　44. C　45. B　46. A　47. D　48. D　49. A　50. B
51. B　52. C　53. B　54. A　55. C　56. A　57. B　58. A　59. B　60. D
61. B　62. C　63. A　64. C　65. C　66. B　67. C　68. B　69. A　70. D
71. C　72. B　73. D　74. C　75. A　76. B　77. A　78. B　79. A　80. C

二、多选题

1. ACD　　　2. ABCD　　　3. ABCD　　　4. ABC　　　5. ABCD
6. ABD　　　7. ABCD　　　8. ABCD　　　9. ABD　　　10. ABCD

参 考 文 献

[1] 罗密,王晓燕,石俊平.高速公路机电系统集成与应用维护[M].北京:电子科技大学出版社,2010.
[2] 杨志伟,罗宇飞.高速公路机电系统管理[M].北京:机械工业出版社,2004.
[3] 张智勇,朱立伟.高速公路机电系统新技术及应用[M].北京:人民交通出版社,2008.
[4] 魏浩华.高速公路收费与路政应知应会[M].北京:人民交通出版社,2013.